标准韩国语
第二册
（第6版）

北京大学、复旦大学、对外经济贸易大学、
延边大学等25所大学《标准韩国语》教材编写组共同编写

安炳浩 张敏 杨磊 修订

北京大学出版社
PEKING UNIVERSITY PRESS

图书在版编目(CIP)数据

标准韩国语.第二册/安炳浩,张敏,杨磊修订.—6版.—北京:北京大学出版社,2016.4
(标准韩国语丛书)
ISBN 978-7-301-27048-6

Ⅰ.①标… Ⅱ.①安…②张…③杨… Ⅲ.①朝鲜语—教材 Ⅳ.①H55

中国版本图书馆CIP数据核字(2016)第074498号

书　　　　名	标准韩国语　第二册(第6版)
	BIAOZHUN HANGUOYU
著作责任者	安炳浩　张　敏　杨　磊　修订
责任编辑	张　冰　崔　虎
标准书号	ISBN 978-7-301-27048-6
出版发行	北京大学出版社
地　　　　址	北京市海淀区成府路205号　100871
网　　　　址	http://www.pup.cn　新浪微博:@北京大学出版社
电子信箱	zpup@pup.cn
电　　　　话	邮购部 62752015　发行部 62750672　编辑部 62759634
印　刷　者	北京大学印刷厂
经　销　者	新华书店
	787毫米×1092毫米　16开本　12.5印张　252千字
	1996年9月第1版　1999年9月第2版　2002年8月第3版
	2012年5月第4版　2015年9月第5版
	2016年4月第6版　2016年4月第1次印刷
定　　　　价	50.00元(附MP3盘1张)

未经许可,不得以任何方式复制或抄袭本书之部分或全部内容。
版权所有,侵权必究
举报电话:010-62752024　电子信箱:fd@pup.pku.edu.cn
图书如有印装质量问题,请与出版部联系,电话:010-62756370

韩国语教科书编纂委员会

顾　　问：季羡林　北京大学　前副校长　　　　　　姜英勋　大韩赤十字社　前总裁
　　　　　金俊烨　韩国社会科学院　前理事长　　　　金命润　韩国国会　议员
　　　　　李寿成　首尔大学　前校长　　　　　　　　朴文一　延边大学　前校长
　　　　　洪一植　高丽大学　前校长　　　　　　　　宋　梓　明知大学　前校长
委员长：吴树青　北京大学
副委员长：郝　斌　北京大学　　　　　　　　　　　金锡得　延世大学
　　　　　郑判龙　延边大学　　　　　　　　　　　安炳浩　北京大学
编纂室长：李宗灿　延边大学

监修委员

姜信道	对外经济贸易大学	金敏洙	高丽大学	南广祐	韩国语文会
安秉禧	首尔大学	叶奕良	北京大学	崔允甲	延边大学
郑　光	高丽大学	李世龙	解放军外国语学院	崔应九	北京大学
许　雄	한글学会	许维翰	北京语言大学	杨通方	北京大学

编纂委员

姜东烨	江原大学	姜信沆	成均馆大学	姜银国	复旦大学
权宁珉	首尔大学	祁庆富	中央民族大学	金景一	北京大学
金光海	首尔大学	金顺花	丹东师范大学	金海守	延边大学
金虎雄	延边大学	金焕玑	黑龙江大学	金　勋	江原大学
南基心	延世大学	南丰铉	檀国大学	苗春梅	北京外国语大学
文日焕	中央民族大学	闵英兰	山东大学威海分校	朴甲洙	首尔大学
朴钟锦	中央民族大学	朴钟仁	中国海洋大学	朴荣顺	高丽大学
史　进	山东师范大学	徐永燮	中央民族大学	徐永彬	对外经济贸易大学
成光秀	高丽大学	成耆彻	首尔市立大学	辛宝忠	哈尔滨师范大学
苏在英	崇实大学	孙启林	东北师范大学	芮创海	韩国外国语大学
王绿平	重庆大学	刘志东	辽宁大学	牛林杰	山东大学
尹仙花	黑龙江大学	李敦柱	全南大学	李得春	延边大学
李　芳	天津外国语大学	李奭周	首尔大学	李先汉	北京大学
李成道	山东大学	李永夏	东北师范大学	李仁燮	首尔女子大学
李正子	青岛大学	李周行	韩国中央大学	李慧淳	梨花女子大学
林从纲	大连外国语学院	任洪彬	首尔大学	张光军	解放军外国语学院
张　敏	北京大学	张培德	上海外国语大学	全学锡	延边大学
郑在皓	高丽大学	周　宾	北京语言大学	曹中屏	南开大学
千素英	水原大学	崔明植	延边大学	崔成德	吉林大学
崔宰宇	中央民族大学	崔昌烈	全北大学	太平武	中央民族大学
韩振乾	北京大学	洪思满	庆北大学	洪宗善	高丽大学

责任校正

金京善	北京外国语大学	金贞淑	高丽大学	艾宏歌	国家教育委员会
杨金成	东北大学	刘春兰	南开大学	王　丹	北京大学
李春姬	吉林大学	周　彪	山东师范大学	崔　虎	北京大学出版社

第6版序言

中韩两国建交以来，我国的韩国语教学取得了惊人的发展。两国建交之初，我国教授韩国语的大学屈指可数。如今，我国已经有近200所大专院校开设了韩国语学科，教授韩国语。尽管如此，韩国语人材的培养还是不能够满足日益增长的社会需求。在中国，韩国语和英语一样，已成为最受人们欢迎的外国语之一。随着韩国语教学在全国的普遍展开以及各大专院校制定的韩国语培养计划和目标，国内期待编撰出版更新、更高水准的韩国语教材。

《标准韩国语》是1992年中韩建交后中国编撰出版的第一套韩国语教材。当时，国内各大专院校为开展韩国语教学，急需一套标准的韩国语教材。为了满足这一需要，当时的北京大学朝鲜语教研室主任安炳浩教授和副主任张敏副教授牵头，组织国内25所著名大学韩国语专业的教师一起商讨，听取了大家的建议，编写了《标准韩国语》（一、二、三册），作为韩国语基础教材。1996年9月，《标准韩国语》由北京大学出版社第一次出版发行。此后，《标准韩国语》成为各大专院校韩国语专业广泛采用的教科书，一直备受广大教师和学生的欢迎。

《标准韩国语》教材虽然在语言教学的科学性和实用性方面有很多长处，但由于该教材自首次出版至今已过去了20年的时间，其间，韩国语本身在语言规范化等方面有了新的变化，加之这套教材在排版过程中也存在着一些缺陷，因此，《标准韩国语》的主要编纂人员在听取各校广大师生意见的基础上，对该教材进行了修订。修订工作本着语言的规范化和适用性原则，重新选择确定了21世纪常用韩国语基础词汇和语法句型，适当调整了原有课文和练习内容；以逐步提高学生韩国语实用能力为目的，循序渐进地排列了语音、词汇、语法的教学程序；为了体现教材的趣味性，还增添了一些表格、图片和歌曲，并配置了韩国专家录制的MP3光盘。除修订的《标准韩国语》教材外，修订者还修订了相应的同步练习册——《标准韩国语第6版同步练习册》，里面附有练习题的标准答案（为方便教学，原附在教科书里的"参考答案"也移至《同步练习册》里），添加了更加丰富的练习题和补充读物，以及与《韩国语能力测试》初中级水平相应的考试练习题，用以辅助学习《标准韩国语》修订版教材。

21世纪是文化多样化的时代，多掌握一门外语就如同多打开一扇进入世界文化知识宝库的大门。我们衷心希望这套《标准韩国语》修订版教材，能够帮助学习者尽快掌握韩国语，以扎实的韩国语言功底去施展才华，实现抱负！

北京大学教授　安炳浩
2016年3月1日

目录 차례

第 1 课	紫禁城　자금성	1
第 2 课	预订　예약하기	10
第 3 课	将来计划　장래계획	20
第 4 课	春节　설날	30
第 5 课	游览万里长城　만리장성 구경하기	40
第 6 课	道歉　사과하기	49
第 7 课	制订计划　계획 세우기	58
第 8 课	周口店　주구점	69
第 9 课	人物介绍　인물 소개	78
第 10 课	机场　공항	87
第 11 课	饮食，味道　음식, 맛	96
第 12 课	济州岛　제주도	105
第 13 课	打电话 2　전화하기 2	114
第 14 课	买东西 2　물건 사기 2	126
第 15 课	颐和园　이화원	134
第 16 课	银行　은행	143
第 17 课	美容院，理发店　미장원, 이발소	152

第 18 课	金刚山　금강산 …………………………………………… 161
第 19 课	天坛　천단 ………………………………………………… 171
第 20 课	暑假　여름 방학 …………………………………………… 180

第课 紫禁城 자금성

一、课文

(1)

진문수: 자금성에 가 본 적이 있으세요?

박지영: 아니요, 아직 못 가 봤어요. 그렇지만 사진이나 영화를 통해서 여러 번 볼 기회가 있었어요.

진문수: 나중에라도 자금성은 꼭 한번 가 보세요.

박지영: 자금성은 어느 시대의 황궁이에요?

진문수: 명나라와 청나라 시대에 황궁으로 사용되던 곳이에요. 지금은 일부가 그림, 도자기 등을 전시하는 박물관으로 사용되고 있어요.

(자금성에서)

박지영: 이 건물은 정말 웅장하네요. 무엇을 하던 곳이에요?

진문수: 이 건물은 자금성에서 가장 웅장한 태화전이에요. 황제의 즉위식이나 국가의 주요 행사를 하던 곳이에요.

박지영: 아주 오래된 것 같은데요. 언제 지어졌어요?

진문수: 1406년부터 1420년 사이에 지어졌어요.

박지영: 건물 안에 들어가서 구경해도 돼요?
진문수: 그럼요. 들어가서 봅시다.

(태화전 안에 들어가서)
박지영: 한국의 궁궐과는 또 다른 느낌이네요. 여기서 사진 한 장 찍어 주실래요?
진문수: 건물 안에서는 사진 찍으면 안 돼요. 밖에 나가서 찍어 드릴게요.

(2)
　자금성은 명나라와 청나라 시대에 황궁으로 사용되던 곳입니다. 고궁이라고도 합니다. 자금성은 1406년부터 1420년 사이에 지어졌습니다. 안에는 900여 채의 건물과 8,000여 개의 방이 있습니다. 그 중에서 태화전이 제일 웅장합니다. 태화전은 중국 최대의 목조건물입니다. 지금은 자금성 안에 있는 많은 건물들이 예술품을 전시하는 박물관으로 이용되고 있습니다.

二、单词

-는/(으)ㄴ/(으)ㄹ 것 같다（惯用型）好像，似乎	
고궁（名）故宫	국가（名）国家
그럼요（常用语）当然	궁궐（名）宫阙，宫殿
꼭（副）一定	느낌（名）感觉，感受
-던（词尾）表示"过去持续"	도자기（名）陶瓷
등（名）等	명나라（名）明朝
목조건물（名）木结构建筑	사용되다（自）被……使用
시대（名）时代	-아/어/여도 되다（惯用型）……也行
-여（名）……多	오래되다（自）悠久
-(으)ㄴ 적이 있다（惯用型）曾经做过……	
-(으)로（助）表示资格、身份	
-(으)면 안 되다（惯用型）不能……，不许……	
예술품（名）艺术品	-(이)라고도 하다（惯用型）也称作……
일부（名）一部分	자금성（名）紫禁城，故宫
전시하다（他）展览	주요 행사（名）主要活动
즉위식（名）登基大典	지어지다（自）建起，建成

청나라 (名) 清朝	채 (量) (房屋) 幢，间
최대 (名) 最大	태화전 (名) 太和殿
-을/를 통해서 (惯用型) 通过……	
황궁 (名) 皇宫	황제 (名) 皇帝
웅장하다 (形) 雄壮	

【发音】

同化现象：收音 "ㄱ" 后面有辅音 "ㄴ" "ㅁ" 时， "ㄱ" 发 "ㅇ" 的音。

例如： 박물관 → [방물관]

1406년 → [천사뱅능년]

三、基本语法

1. -(으)ㄴ 적이 있다/없다

用于动词词干后，表示是否经历过。主要与 "-아/어 보다" 一起使用，构成 "-아/어 본 적이 있다/없다" 的形式。

例如：

(1) ㄱ: 한국에 가 본 적이 있습니까? 你去过韩国吗?

ㄴ: 아직 가 본 적이 없습니다. 还没有去过。

(2) ㄱ: 불고기를 먹어 본 적이 있습니까? 吃过烤肉吗?

ㄴ: 네, 먹어 본 적이 있습니다. 是的，吃过。

(3) ㄱ: 이세민 씨를 아십니까? 你认识李世民吗?

ㄴ: 네, 전에 몇 번 만난 적이 있습니다. 是的，曾见过几次面。

(4) ㄱ: 영화 "트랜스포머4"를 보러 갑시다.

一起去看电影《变形金刚4》吧。

ㄴ: 혼자 가십시오. 저는 전에 그 영화를 본 적이 있습니다.

你一个人去吧，我之前已经看过了。

(5) ㄱ: 외국여행을 해 본 적이 있습니까? 你去国外旅行过吗?

ㄴ: 네, 몇 년 전에 일본에 가 본 적이 있습니다.

是的，几年前我曾去过日本。

(6) ㄱ: 이 음악의 제목을 아십니까?　你知道这首乐曲的曲名吗?

　　ㄴ: 전에 들어본 적이 있습니다. 그렇지만 제목은 모르겠습니다.

　　　　之前听过，但不知道曲名。

2. -아/어/여도

用于动词、形容词词干后(表示让步的含义"即使、即便……"，参见十五课语法4)。后面接"되다""괜찮다"或"좋다"时表示许可。

例如：

(1) ㄱ: 지금부터 청소를 하셔도 좋습니다.　现在可以打扫卫生了。

　　ㄴ: 네, 알겠습니다.　好的，知道了。

(2) ㄱ: 내일 저녁에 진문수 씨 생일파티가 있습니다.

　　　明天晚上是陈文洙的生日宴会。

　　ㄴ: 제가 가도 됩니까?　我去可以吗?

(3) ㄱ: 밤 10시쯤 전화해도 됩니까?　晚上10点来钟打电话也可以吗?

　　ㄴ: 네, 괜찮습니다.　是的，可以。

(4) ㄱ: 내일 좀 늦게 와도 됩니까?　明天晚些来可以吗?

　　ㄴ: 무슨 일이 있습니까?　有什么事吗?

(5) ㄱ: 여기에 앉아도 됩니까?　可以坐在这里吗?

　　ㄴ: 네, 앉으십시오.　可以，请坐。

(6) ㄱ: 이제 배가 안 아픕니다.　现在肚子不痛了。

　　ㄴ: 그러면 내일부터 밥을 드셔도 됩니다.

　　　　那么，从明天起可以吃饭了。

3. -(으)면 안 되다

用于动词词干后，表示禁止。

例如：

(1) ㄱ: 이 물 마셔도 됩니까?　这水可以喝吗?

　　ㄴ: 마시면 안 됩니다.　不可以喝。

(2) ㄱ: 내일은 늦으면 안 됩니다.　明天不能迟到。

　　ㄴ: 알겠습니다. 8시 반까지 꼭 오겠습니다.

　　　　知道了，8点半之前一定来。

(3) ㄱ: 신을 신고 집 안에 들어가도 됩니까?　可以穿鞋进屋吗?

　　ㄴ: 신을 신고 집 안에 들어가면 안 됩니다. 벗고 들어가야 합니다.

　　　　不可以穿鞋进屋，要脱鞋进屋。

(4) ㄱ: 여기에서 담배를 피우면 안 됩니다.　这里不能抽烟。

　　 ㄴ: 여기도 금연구역입니까?　这里也是禁烟区吗?

(5) ㄱ: 술을 마시고 운전하면 안 됩니다. 택시를 타고 가십시오.
　　　　不能酒后开车，坐出租车走吧。

　　 ㄴ: 술을 조금밖에 안 마셨습니다.　没有喝多少酒。

(6) ㄱ: 이 일을 내일까지 끝내면 안 됩니까?　这件事明天完成不行吗?

　　 ㄴ: 안 됩니다. 오늘까지 꼭 끝내십시오.　不行，必须今天完成。

4. -는/(으)ㄴ/(으)ㄹ 것 같다

用于动词、形容词词干后，表示推测。根据词性和时态的不同，词干后的连结形态如下：

（1）动词

现在时：词干+-는 것 같다. (包括있다/없다)

过去时：词干+-(으)ㄴ 것 같다.

将来时：词干+-(으)ㄹ 것 같다.

（2）形容词

现在时：词干+-(으)ㄴ 것 같다.

将来时：词干+-(으)ㄹ 것 같다.

例如：

(1) ㄱ: 홍단 씨는 요즘 열심히 공부합니까?　洪丹最近学习努力吗?

　　 ㄴ: 네, 열심히 공부하는 것 같습니다.　是的，好像学习很努力。

(2) ㄱ: 왕단 씨 남자 친구는 무슨 일을 합니까?　王丹的男朋友做什么工作?

　　 ㄴ: 회사에 다니는 것 같습니다.　好像在公司工作。

(3) ㄱ: 이세민 씨가 많이 아픕니까?　李世民病得很重吗?

　　 ㄴ: 네, 많이 아픈 것 같습니다. 3일 동안 학교에 안 왔습니다.
　　　　是的，好像很重，3天没来学校了。

(4) ㄱ: 진문수 씨 생일이 언제입니까?　陈文洙的生日是几号?

　　 ㄴ: 모레인 것 같습니다. 친구들을 여러 명 초대할 것 같습니다.
　　　　好像是后天，估计请好几个朋友。

(5) ㄱ: 이번에는 성공할 것 같은 느낌이 듭니다.　感觉这次好像会成功。

　　 ㄴ: 꼭 성공할 겁니다.　一定会成功的。

(6) ㄱ: 과장님이 왜 저렇게 기운이 없으십니까?　科长为什么那样无精打采?

　　 ㄴ: 나쁜 소식을 들으신 것 같습니다.　好像听到了坏消息。

(7) ㄱ: 하늘에 구름이 많습니다. 곧 비가 올 것 같습니다.
　　　天上云彩很多，好像快要下雨了。

　　ㄴ: 그럼 우산을 가지고 가십시오.　那就带着雨伞去吧。

(8) ㄱ: 이연주 씨는 언제쯤 결혼할 것 같습니까?
　　　李延珠大概什么时候结婚?

　　ㄴ: 글쎄요, 내년 봄쯤 결혼하실 것 같은데요.　是啊，可能明年春天吧。

5. -던

　　是冠词形词尾，用于动词词干之后。

　　(1) 表示过去多次或持续发生的动作；(2) 表示过去行动还没有结束，带有回忆过去的色彩。

　　例如：

(1) ㄱ: 여기가 제가 어릴 때 다니던 초등학교입니다.
　　　这里是我小时候就读过的小学。

　　ㄴ: 학교가 아주 큰데요.　学校很大嘛。

(2) ㄱ: 전에 자주 놀러 오던 친구가 요즘은 왜 안 옵니까?
　　　以前经常来玩的朋友最近怎么不来了？

　　ㄴ: 그 친구는 지금 미국에 유학을 갔습니다.　他现在去美国留学了。

(3) ㄱ: 여기에 있던 책을 못 보셨습니까?　你没看见放在这里的一本书吗？

　　ㄴ: 네, 저는 못 봤습니다.　没有，我没看见。

(4) ㄱ: 이 사과는 누가 먹던 겁니까?　这个苹果是谁吃剩的？

　　ㄴ: 제가 먹던 겁니다.　是我吃剩的。

(5) ㄱ: 아까 제가 보던 신문이 어디로 갔습니까?
　　　刚才我读的报纸到哪儿去了？

　　ㄴ: 이세민 씨가 저쪽으로 가지고 갔습니다.　李世民拿到那边去了。

(6) ㄱ: 아까 쓰던 편지를 다 썼습니까?　刚才写的信写完了吗？

　　ㄴ: 아직 다 못 썼습니다.　还没写完。

四、练习

1. 模仿下例进行问答练习。

    例如：　ㄱ: 한국 노래를 들어 본 적이 있습니까?
    　　　　ㄴ: 네, 들어 본 적이 있습니다. / 아니요, 들어 본 적이 없습니다.

    (1) 김치　　　　　　　(2) 담배
    (3) 한국어 시험　　　　(4) 한국 영화
    (5) 외국　　　　　　　(6) 여자 친구/남자 친구

2. 在横线上填写征求许可的问句，使之与答句"ㄴ"相应。

    (1) ㄱ: _____?
    　　ㄴ: 안 됩니다. 밖에 나가서 피우십시오.
    (2) ㄱ: _____?
    　　ㄴ: 네, 여십시오.
    (3) ㄱ: _____?
    　　ㄴ: 제 책이 아닙니다. 홍단 씨의 책입니다. 그러니까 홍단 씨에게 물어 보십시오.
    (4) ㄱ: _____?
    　　ㄴ: 안 됩니다. 밖에서만 구경하십시오.
    (5) ㄱ: _____?
    　　ㄴ: 오늘은 밥을 드시지 말고 죽을 드십시오.
    (6) ㄱ: _____?
    　　ㄴ: 네, 놀러 오십시오.

3. 在韩国的地铁和公共汽车里禁止吸烟，在你们的国家有哪些禁止做的事情，请说出其中的6类。

    (1) _____
    (2) _____
    (3) _____
    (4) _____
    (5) _____
    (6) _____

4. 根据以下情况可以猜出些什么？请用 "-는/(으)ㄴ/(으)ㄹ 것 같다" 表达猜测的内容。

　　(1) 오래간만에 친구를 만났습니다. 그런데 얼굴이 까맣게 탔습니다.
　　_____

　　(2) 사람들이 갑자기 뛰어갑니다.
　　_____

　　(3) 동생이 집을 깨끗이 청소합니다.
　　_____

　　(4) 왕단 씨가 오늘 학교에 안 왔습니다.
　　_____

　　(5) 진문수 씨가 자꾸 시계를 봅니다.
　　_____

　　(6) 저 사람은 새벽에 출근하고 밤늦게 퇴근합니다.
　　_____

5. 找出不能使用 "-던" 的句子并说明理由。

　　(1) 여기가 전에 제가 다니던 학교입니다.
　　(2) 그것은 제가 마시던 차입니다.
　　(3) 여기는 제가 결혼을 하던 장소입니다.
　　(4) 저 사람은 제가 전에 좋아하던 영화배우입니다.
　　(5) 이것은 제가 어릴 때 가지고 놀던 장난감입니다.
　　(6) 오늘 점심에 우리가 먹던 음식의 이름이 무엇입니까?
　　(7) 제가 타던 스포츠카를 친구에게 팔았어요.
　　(8) 며칠 전에 갔던 안경점인데 찾을 수 없어요.
　　(9) 이 사진을 찍던 장소가 어디입니까?
　　(10) 택시를 잡으려고 했지만 평소에는 자주 보이던 빈 택시가 하나도 안 보였다.

6. 会话练习。请用自己的话简要介绍一下故宫。

7. 写作练习。在自己的居住地附近，选择一处古迹或具有历史意义的地方进行介绍。

8. 将下列句子译成韩文。

(1) 我还从来没有出国旅行过。

(2) 王丹去年冬天住了一次院。

(3) 我曾经因为不了解韩国文化说错过话（말 실수하다）。

(4) 想去首尔火车站的话，坐公交车也能到。

(5) 菜辣点儿也没有关系。

(6) 这次的考试成绩不能太差。

(7) 他刚才好像在太和殿前照了相。

(8) 洪丹好像出去旅行了。打了几次电话都没有人接。

(9) 景福宫过去曾是朝鲜王朝的王宫。

(10) 我现在住的是姐姐结婚前住过的房间。

五、补充单词

참석하다（自）参加	성공하다（自）成功
신(발)（名）鞋	금연구역（名）禁烟区
초대하다（他）招待，邀请	구름（名）云
기운이 없다（词组）无精打采，没力气	
스포츠카（名）跑车	유학을 가다（词组）留学
죽（名）粥	까맣게（副）黑
타다（自）晒，燃烧	깨끗이（副）干净地
자꾸（副）总是	장난감（名）玩具
트랜스포머 变形金刚（电影）	안경점（名）眼镜店
잡다（他）抓，打（车）	비다（形）空的
평소（名）平素，平时	

가까운 이웃이 먼 친척보다 낫다.

远亲不如近邻。

第2课 预订 예약하기

一、课文

(1)

직 원: 네, 대한 여행사입니다.
홍 단: 이번 달 15일에 제주도에 가려고 하는데요. 비행기표를 구할 수 있을까요?
직 원: 15일 말씀이시죠? 이미 오후 표는 매진되고 오전 표만 있습니다.
홍 단: 몇 시 표가 있어요?
직 원: 아침 8시, 9시, 10시 표가 있습니다.
홍 단: 그러면 10시로 예약해 주세요.
직 원: 편도로만 표를 구입하시겠습니까? 왕복으로 예매하시면 조금 더 싸게 구입하실 수 있습니다.
홍 단: 왕복으로 예매할게요. 돌아오는 표는 17일 오후 5시경으로 예약해 주세요. 그런데 표는 어떻게 받아야 하죠?
직 원: 15일에 공항에 일찍 나와서 받으시거나 그 전에 여행사나 항공사에 들르셔서 받으셔도 됩니다.
홍 단: 혹시 여행사에서 호텔 예약 서비스도 있어요? 숙소도 지금 예약하고 싶은데요.
직 원: 물론 호텔 예약 서비스도 가능합니다. 제주 신라호텔은 어떠십니까?

홍 단: 시설과 교통은 괜찮아요?
직 원: 5성 호텔이라 시설은 최고급이고, 교통도 매우 편리합니다.
홍 단: 그럼 신라호텔로 예약할게요.
직 원: 언제 숙박하실 예정이십니까?
홍 단: 다음주 토요일, 일요일 이틀 동안 묵을 예정이에요.
직 원: 몇 분께서 숙박하실 예정이십니까?
홍 단: 저 혼자 쓸 겁니다.
직 원: 성함하고 주소를 말씀해 주십시오.
홍 단: 이름은 홍단이고요, 주소는 서울시 종로구 관철동 12-15번지예요.
직 원: 예약이 되었습니다. 별도로 호텔측에 문의하실 것이 있으십니까?
홍 단: 바다를 보고 싶은데 가능하면 바다쪽 방으로 예약해 주셨으면 좋겠어요.

(2)

　지금은 방학입니다. 홍단 씨는 방학 동안 경주에 가고 싶어서 일단 여행사에 전화를 걸었습니다. 그런데 여행사를 통해 가는 것은 비용이 좀 비쌌습니다. 그래서 홍단 씨는 조금 번거롭지만 혼자서 여행을 가보려고 했습니다. 우선 기차표를 사기 위해서 KTX 홈페이지에 들어가 보았습니다. 다행히 홍단 씨가 가고 싶은 시간에 표가 있어서 예약을 할 수 있었습니다. 그 다음 경주관광안내 책자에서 호텔의 전화번호를 찾았습니다. 하지만 처음 전화를 건 호텔에는 빈 방이 없었습니다. 두 번째 호텔에도 없었습니다. 홍단 씨는 포기하지 않고 여러 호텔에 전화를 걸었습니다. 그렇지만 방이 없었습니다. 별수 없이 홍단 씨는 KTX 홈페이지에 들어가서 예약한 표를 취소할 수밖에 없었습니다.

二、单词

가능하면（常用语）如果可能的话	-거나（词尾）表示"选择"
경주（地名）庆州	구하다（他）求，寻找
날（名）天	-니까（词尾）表示"理由，根据"
다행히（副）幸运地	들르다（自）顺便去……
-ㄹ 때（惯用型）当……时候	-ㄹ 수 있다/없다（惯用型）能/不能做……
매우（副）非常	매진되다（自）卖完，售罄
문의하다（他）询问	-밖에 없다（惯用型）只有，仅有

번거롭다（形）麻烦的，烦杂的	별도（名）另，另外
별수 없이（副）没有办法，无奈	서비스（名）服务
종로구 관철동 12-15번지（地名）钟路区贯铁洞12-15号	
여행사（名）旅行社	예매하다（他）预购
예약이 되다（词组）预约完毕，预订	예약하다（他）预订，预约
5성 호텔（名）五星级饭店	왕복（名）往返
이틀（名）两天	안내 책자（名）观光手册，旅行指南
취소하다（他）取消	측（名）方面
KTX（名）韩国高速铁路（Korea Train Express）	
편도（名）单程	편리하다（形）方便的，便利的
포기하다（他）放弃，抛弃	표（名）票
항공사（名）航空公司	홈페이지（名）主页

【发音】

① 紧音现象：收音 "ㄴ" 后面有辅音 "ㅈ" 时，"ㅈ" 出现紧音化。

例如：이번 주 → [이번쭈]

② 送气现象：收音 "ㄱ" 后面碰上辅音 "ㅎ" 时，收音 "ㅎ" 要发成 "ㅋ"。

例如：예약해 → [예야캐]

③ 同化现象：收音 "ㄴ" 后面出现辅音 "ㄹ" 时，"ㄴ" 发 "ㄹ" 的音。

例如：신라 → [실라]

三、基本语法

1. -때

表示时间的名词。"때"可以放在名词前面，或者以 "-ㄹ/을 때" 的形式用于谓词和 "体词+ 이다" 的词干以及过去时间词尾 "-았/었/였" 后面，表示时间。

例如：

(1) ㄱ：방학 때 무엇을 할 겁니까？ 放假时打算做些什么？

ㄴ：여행을 가려고 합니다. 想去旅行。

(2) ㄱ：고등학교 때 무슨 과목을 제일 좋아했습니까？
高中时，你最喜欢哪一门课？

ㄴ：저는 과학 과목을 제일 좋아했습니다. 我最喜欢科学课。

(3) ㄱ: 기분이 나쁠 때 무엇을 합니까?　心情不好的时候做什么？
　　ㄴ: 밥을 많이 먹고 잡니다.　多吃饭，然后睡觉。
(4) ㄱ: 언제 이세민 씨에게서 전화가 왔습니까?
　　　什么时候接到李世民的电话的？
　　ㄴ: 저녁을 먹고 텔레비전을 볼 때 전화가 왔습니다.
　　　吃完晚饭看电视的时候，接到了电话。
(5) ㄱ: 언제 민속촌에 가 보셨습니까?　什么时候去民俗村的？
　　ㄴ: 작년에 한국에 왔을 때 가 봤습니다.　去年来韩国的时候去看过。
(6) ㄱ: 부친께서는 언제 돌아가셨어요?　你父亲是什么时候去世的？
　　ㄴ: 제가 고등학교 2학년 때 돌아가셨습니다.
　　　我高中二年级的时候去世的。

2. -(으)니까

连接词尾"-(으)니까"用于谓词和"体词+이다"的词干以及时间词尾后面表示理由或根据。

例如:

비가 오니까 우산을 쓰고 가십시오.　下雨了，打着伞去吧。

오늘은 바쁘니까 내일 만납시다.　今天太忙了，明天见吧。

又如:

(1) ㄱ: 더우니까 창문 좀 열어 주십시오.　天太热了，帮我把窗户打开吧。
　　ㄴ: 알겠습니다.　知道了。
(2) ㄱ: 오늘 저녁에 손님이 오실 거니까 방안 청소를 깨끗이 하십시오.
　　　今晚有客人来，请把房子打扫干净。
　　ㄴ: 누가 오실 건데요?　谁要来？
(3) ㄱ: 시간이 없으니까 택시를 타고 갑시다.
　　　没时间了，坐出租车去吧。
　　ㄴ: 택시를 잡기가 힘들 텐데요.　出租车很难叫到的。
(4) ㄱ: 김 대리, 내일은 회의가 있으니까 지각하지 마십시오.
　　　金代理，明天有会议，可别迟到。
　　ㄴ: 알겠습니다. 일찍 나오겠습니다.　知道了，我早点来。
(5) ㄱ: 오늘 밤에 댁으로 전화 드릴게요.　今晚我往您家打电话。
　　ㄴ: 오늘은 늦게 들어갈 거니까 내일 아침에 전화하세요.
　　　我今晚晚回去，请明天早上再打吧。

(6) ㄱ: 술 한잔 합시다. 咱们喝杯酒吧。

ㄴ: 오늘은 집에 손님이 오니까 일찍 들어가야 돼요.
今天家里来客人，我得早点儿回去。

3. -(으)ㄹ 수 있다/없다

用于谓词词干后，表示能力与可能性。

例如：

(1) ㄱ: 자전거 탈 수 있습니까? 会骑自行车吗?

ㄴ: 네, 탈 수 있습니다. 是的，会骑。

(2) ㄱ: 저 사람이 하는 말을 이해할 수 있습니까?
你能理解那人说的话吗?

ㄴ: 아니요, 이해할 수 없습니다. 不，不能理解。

(3) ㄱ: 한국 소설을 읽어 본 적이 있습니까? 你读过韩国小说吗?

ㄴ: 없습니다. 저는 아직 한국말을 잘 못해서 한국 소설을 읽을 수 없습니다.
没有，我的韩国语还不行，不能阅读韩国小说。

(4) ㄱ: 프랑스 여행이 재미있었습니까? 法国之旅有意思吗?

ㄴ: 네, 재미있었습니다. 그렇지만 불어를 할 수 없어서 조금 고생했습니다.
是的，很有意思，可是不会法语，吃了点苦头。

(5) ㄱ: 저도 그 모임에 갈 수 있습니까? 我也能参加那个聚会吗?

ㄴ: 물론입니다. 같이 갑시다. 当然，一起去吧。

(6) ㄱ: 어디에 가면 진문수 씨를 만날 수 있습니까?
去哪里可以见到陈文洙?

ㄴ: 도서관에 가면 만날 수 있을 겁니다. 去图书馆可能会见到他。

4. -밖에 없다/안 (하다)/못 (하다)/모르다

用于名词后，表示"仅有，只有，仅做，只做"的意思。
在"-밖에"后面只能用表示否定意义的"없다/안/못/모르다"。

例如：

(1) ㄱ: 한국 친구가 많습니까? 你有很多韩国朋友吗?

ㄴ: 아니요, 한 명밖에 없습니다. 不，只有一位。

(2) ㄱ: 만 원만 빌려 주십시오. 请借给我1万韩元。

ㄴ: 4천 원밖에 없는데요. 我只有4千韩元。

(3) ㄱ: 집에서 학교까지 시간이 많이 걸립니까?
   从家到学校花很多时间吗?

ㄴ: 아닙니다. 10분밖에 안 걸립니다. 不, 只要10分钟。

(4) ㄱ: 어제 술을 많이 마셨습니까? 昨天喝了很多酒吗?

ㄴ: 조금밖에 안 마셨습니다. 只喝了一点儿。

(5) ㄱ: 한국말을 잘하십니까? 您韩国语说得好吗?

ㄴ: 조금밖에 못 합니다. 只懂一点儿。

(6) ㄱ: 진문수 씨의 주소와 전화번호를 가르쳐 주십시오.
   请将陈文洙的地址和电话号码告诉我。

ㄴ: 전화번호밖에 모릅니다. 我只知道电话号码。

5. -거나

用于动词、形容词词干或过去时间词尾后, 表示在前后内容中选择一个, 相当于汉语的"或者"。

例如:

(1) ㄱ: 일요일에 뭐 합니까? 您周日都做些什么?

ㄴ: 집에서 책을 읽거나 친구를 만나러 갑니다.
   在家读书或者去会朋友。

(2) ㄱ: 화가 날 때 무엇을 합니까? 您发火的时候都做些什么?

ㄴ: 잠을 자거나 술을 마십니다. 睡觉或者喝酒。

(3) ㄱ: 가족을 보고 싶을 때 어떻게 합니까? 您想念家人的时候怎么办?

ㄴ: 전화를 하거나 편지를 씁니다. 打电话或者写信。

(4) ㄱ: 밤에 잠이 안 옵니다. 晚上睡不着。

ㄴ: 그럼 자기 전에 우유를 마시거나 책을 읽어 보세요.
   那睡觉前喝些牛奶或看会儿书。

(5) ㄱ: 누가 이 우산을 놓고 갔습니까? 谁把雨伞忘在这儿了?

ㄴ: 진문수 씨가 놓고 갔거나 이세민 씨가 놓고 갔을 겁니다.
   陈文洙或者李世民忘的。

(6) ㄱ: 홍단 씨가 어디에 갔습니까? 洪丹去哪里了?

ㄴ: 도서관에 갔거나 서점에 갔을 겁니다. 大概去图书馆或去书店了。

四、练习

1. 使用"때"进行回答。

   (1) 언제 기분이 좋습니까? _____

   (2) 언제 노래를 듣습니까? _____

   (3) 언제 약을 먹습니까? _____

   (4) 언제 화가 납니까? _____

   (5) 언제 우울합니까? _____

   (6) 언제 처음 만났습니까? _____

2. 在下面的横线上填上原因或理由。

   (1) "조금 쉽시다."

   → _____

   (2) "집에 일찍 들어가야 됩니다."

   → _____

   (3) "문수 씨에게 노래 테이프를 사 줍시다."

   → _____

   (4) "내일 저녁에 전화하겠습니다."

   → _____

   (5) "지금 가지 마십시오."

   → _____

   (6) "오늘 저녁에 텔레비전을 보십시오."

   → _____

3. 仿照例子简单写出会做与不会做的事。

   例如:

   얼마 전까지 저는 한국말을 한 마디도 할 수 없었습니다. 그렇지만 몇 달 동안 저는 한국말을 열심히 공부했습니다. 중국에 유학 온 한국 친구를 사귀어서 회화 연습도 많이 했습니다. 그래서 지금은 한국말로 간단한 대화를 할 수 있습니다.

   (1) _____

   _____

   _____

(2) _____
_____
_____

4. 用括号内的单词和 "-밖에 없다/안/못/모르다" 回答下列提问。

(1) ㄱ: 동생이 몇 명 있습니까?(1)
ㄴ: _____

(2) ㄱ: 키가 얼마나 됩니까? (1미터 65센티미터)
ㄴ: _____

(3) ㄱ: 주머니 안에 무엇이 있습니까? (손수건)
ㄴ: _____

(4) ㄱ: 하루에 담배를 몇 갑 피웁니까? (반 갑)
ㄴ: _____

(5) ㄱ: 한국 노래를 부를 수 있습니까? (아리랑)
ㄴ: _____

(6) ㄱ: 한국 음식을 먹어 본 적이 있습니까? (불고기)
ㄴ: _____

5. 你们遇到如下情况该怎么做？请用 "-거나" 或 "-(이)나" 造句回答。

(1) 고민이 있을 때 누구와 이야기를 합니까?
_____

(2) 배가 고픕니다. 그런데 돈이 없습니다.
_____

(3) 안 만나고 싶은 사람이 저쪽에서 옵니다.
_____

(4) 친구에게 어떤 생일선물을 줍니까?
_____

(5) 토요일 저녁 때 보통 무엇을 합니까?
_____

(6) 어디로 신혼 여행을 가고 싶습니까?
_____

6. 根据下列情况，分组进行对话，练习如何预订。

(1) 아버지의 생신입니다. 부모님을 모시고 근사한 식당에 가서 저녁을 먹고 싶습니다. 식당을 예약해 보십시오.

(2) 본인이 무척 좋아하는, 세계적으로 유명한 가수가 공연을 하러 중국에 왔습니다. 음악회 표를 예약해 보십시오.

(3) 고속버스나 기차, 비행기, 배를 이용하여 여행을 하고 싶습니다. 표를 예약해 보십시오.

(4) 여행지의 호텔에 전화를 걸어 방을 예약해 보십시오.

7. 在第6题中选择一项，写出预订的方法和内容。

8. 将下列句子译成韩文。

(1) 我学习的时候不听音乐。
(2) 下雨的时候，我喜欢一个人在房间里喝咖啡。
(3) 明天是周日，在家好好休息休息吧。
(4) 是我错了，我道歉。
(5) 你能帮帮我吗？
(6) 今天工作不多，能早点下班。
(7) 就买了一件衣服，钱全都花光了。
(8) 时间不多了，快走吧。
(9) 明天不是多云，就是下雨。
(10) 周日上午不是睡懒觉，就是玩电脑。

五、补充单词

간단하다(形)简单	갑(名)盒
과목(名)科目,课目,课	과학(名)科学
대화(名)对话	뛰어가다(自)跑去
마디(名)句(话)	모임(名)聚会
물론이다(常用语)当然	배낭여행(名)自助旅行
불어(名)法语	사귀다(自,他)交友
소설(名)小说	신혼여행(名)新婚旅行
아리랑(名)阿里郎(民歌的一种)	우울하다(形)忧郁的
주머니(名)口袋	주문하다(他)预订,点菜,订货
지각하다(自)迟到	프랑스(名)法国
회화(名)会话	굴뚝(名)烟囱
연기(名)烟	

俗语

아니 땐 굴뚝에 연기 날까?

这句话的字面意思是:不烧火,烟囱怎能冒烟?类似于汉语的"无风不起浪"。指事情的发生不是毫无原因的。

第 3 课 将来计划 장래계획

一、课文

(1)

홍 단: 경희 씨는 어릴 때 꿈이 무엇이었어요?

경 희: 저는 어릴 적에는 퀴리부인처럼 훌륭한 과학자가 되고 싶었어요.

홍 단: 그런데 왜 이과대학에 가지 않고 국어국문학과에 지망했어요?

경 희: 그동안 희망이 여러 번 바뀌었어요. 한 때는 기자가 되고 싶기도 했고, 한 때는 선생님이 되고 싶었어요.

홍 단: 그럼 지금은 무슨 일을 하고 싶어요?

경 희: 지금은 광고회사나 방송국에 취직해서 광고나 드라마를 만드는 일을 하고 싶어요. 창조적인 일이 제 적성에 제일 잘 맞는 것 같아요.

홍 단: 광고회사나 방송국에 취직하려면 준비를 많이 해야 되지요? 입사 시험 경쟁률이 엄청나요.

경 희: 네, 그래서 올해는 더 바빠질 것 같아요.

홍 단: 경희 씨는 세민 씨하고 친하죠? 세민 씨는 앞으로 어떻게 할 계획이에요?

경 희: 세민이는 아마 대학원에 가서 공부를 좀 더 할 것 같아요.

홍 단: 어떤 쪽으로 공부를 하려고 해요?

경 희: 아직 확실하게 결정하지 못한 것 같아요. 아마도 세민이가 가장 좋아하는 고대 한국사쪽으로 정할 거예요.

홍　단: 그렇군요, 종호 씨는 조만간 군입대를 해요?
경　희: 네, 종호는 이번 학기를 마치고 군대에 가요. 요새는 제대한 다음에 무역회사에 취직하기 위해서 컴퓨터하고 외국어 공부를 열심히 하고 있어요. 종호는 모든 일에 계획적이에요.
홍　단: 종호 씨는 적극적이고 활동적인 성격이라서 그쪽 일이 잘 어울릴 것 같아요.

(2)

　얼마 전에 대학 3학년이 된 이정우 씨는 요즘 장래 문제 때문에 고민이 많습니다. 경제학을 전공하는 이정우 씨는 대학을 졸업한 후 외국으로 유학을 가서 공부를 더 하고 싶습니다. 그러나 유학을 하려면 돈이 많이 필요한데, 이정우 씨 집은 경제적으로 그리 넉넉하지 않습니다. 또한 이정우 씨는 외아들이고, 부모님의 연세가 많으시기 때문에 부모님과 멀리 떨어진 곳으로 유학을 가는 것이 쉽지 않습니다. 부모님께서는 "우리는 괜찮으니까 걱정하지 말고 유학을 가라."라고 말씀하시지만 이정우 씨는 고민이 많습니다.
　이정우 씨는 빨리 결정을 해서 준비를 해야 합니다. 유학을 가려면 유학 시험 준비를 해야 하고, 취직을 하려면 취직 시험 준비를 해야 합니다. 그렇지만 결정을 하는 일이 너무나도 어렵습니다.

二、单词

장래계획（名）将来计划	꿈（名）梦
퀴리부인（人名）居里夫人	-처럼（助）像……一样
훌륭하다（形）优秀，出色	-이/가 되다（惯用型）成为……
이과대학（名）理工科类大学	과학자（名）科学家
국어국문학과（名）国语国文专业	입사시험（名）公司求职面试
경쟁률（名）竞争	엄청나다（形）不寻常的
희망（名）希望	바뀌다（自）换
기자（名）记者	광고회사（名）广告公司
방송국（名）广播局，广播电台	취직하다（自）任职
광고（名）广告	드라마（名）电视剧，广播剧
창조적이다（形）创造性的	적성（名）天资，才能，性格
맞다（自，他）符合	-아/어/여지다（惯用形）变得……

확실하다(形)确实	고대(名)古代
-(으)ㄹ까 하다(惯用形)打算，想	경제적으로(副)经济上
학기(名)学期	군대에 가다(词组)参军
제대하다(自)退伍	컴퓨터(名)计算机，电脑
무역회사(名)贸易公司	적극적이다(形)积极的
활동적이다(形)活跃的	성격(名)性格
넉넉하다(形)充分的，富裕的	조만간(副)迟早，早晚
요새(副)最近	

【发音】

紧音现象：收音"ㄹ"后面遇上辅音"ㄱ""ㄷ""ㅅ""ㅈ"时，收音要分别发成紧音"ㄲ""ㄸ""ㅆ""ㅉ"。

例如：활동적 →[활똥적]

　　　열심히 →[열씸히]

　　　결정하다 →[결쩡하다]

收音"ㅇ"后面遇上辅音"ㄱ"时，收音要发成紧音"ㄲ"。

例如：성격 →[성껵]

三、基本语法

1. -이/가 되다

用于名词之后，表示转换关系，相当于汉语的"成为……"。

例如：

(1) ㄱ: 나중에 무엇이 되고 싶습니까?　将来想成为什么样的人？

　　ㄴ: 저는 그냥 평범한 사람이 되고 싶습니다.

　　　　我就想做一个普通人。

(2) ㄱ: 어릴 때 꿈이 무엇이었습니까?　你小时候的梦想是什么？

　　ㄴ: 대통령이 되는 것이었습니다.　想当总统。

(3) ㄱ: 장래 희망이 무엇입니까?　将来的希望是什么？

　　ㄴ: 저는 훌륭한 의사가 되고 싶습니다.　我想成为优秀的医生。

(4) ㄱ: 죽은 다음에 다시 태어날 수 있으면 무엇이 되고 싶습니까?

　　　　如果有来生，你想成为什么呢？

ㄴ: 저는 새가 되고 싶습니다. 그래서 여기저기 날아다니고 싶습니다.
　　　　我想成为鸟儿，这样就可以到处飞来飞去。
(5) ㄱ: 빨간색과 파란색을 섞으면 무슨 색이 됩니까?
　　　　红色和蓝色搀和在一起会变成什么颜色呢?
　　ㄴ: 보라색이 됩니다.　变成青紫色。
(6) ㄱ: 딸기잼 만드는 방법을 좀 가르쳐 주십시오.
　　　　请教给我制作草莓酱的方法。
　　ㄴ: 아주 간단합니다. 딸기에 설탕을 넣고 끓이면 딸기잼이 됩니다.
　　　　很简单。在草莓里放上白糖，再煮一煮就成了草莓酱了。

2. -아/어/여지다

用于形容词词干之后，表示状态的变化。在形容词词干后加上 "-아/어/여지다"，其词性就变为动词。

例如:
(1) ㄱ: 날씨가 무척 더워졌지요?　天气变得很热吧?
　　ㄴ: 네, 선풍기를 하나 사야겠습니다.　是的，该买一个电风扇了。
(2) ㄱ: 선영 씨, 그동안 많이 예뻐졌습니다.　善英，你近来变得漂亮多了。
　　ㄴ: 고맙습니다.　谢谢。
(3) ㄱ: 요즘 자꾸 뚱뚱해져서 걱정입니다.　最近老是发胖，真叫人发愁。
　　ㄴ: 그러면 아침에 일찍 일어나서 운동을 하십시오.
　　　　那么，早上早点起床做运动吧。
(4) ㄱ: 가게에 손님들이 많아졌습니까?　店里的客人多起来啦?
　　ㄴ: 네, 손님이 많이 늘었습니다.　是的，客人增加了许多。
(5) ㄱ: 제 지갑이 없어졌습니다.　我的钱包不见了。
　　ㄴ: 다시 한번 잘 찾아보십시오.　再好好找一找。
(6) ㄱ: 이 선생님, 요즘도 건강이 안 좋으십니까?
　　　　李老师，您最近身体还不好吗?
　　ㄴ: 아닙니다. 많이 좋아졌습니다.　不，好多了。

3. -(으)면 좋겠다

用于动词、形容词词干之后，表示说话者的希望和愿望。在会话中经常使用 "-었/았/였으면 좋겠다" 这一格式。也可以使用 "하다" 和 "싶다" 来代替 "좋겠다"。

例如：

(1) 날씨가 너무 춥습니다. 빨리 방학을 하면(했으면) 좋겠습니다.
    天气太冷了，最好快点放假。
(2) 내일은 왕단 씨의 생일입니다. 생일파티에 친구들이 많이 오면(왔으면) 좋겠습니다.
    明天是王丹的生日，希望有许多朋友来参加生日宴会。
(3) 방이 좁아서 답답합니다. 방이 조금만 더 넓으면 (넓었으면) 좋겠습니다.
    房间小得叫人憋气，能稍微大一点就好了。
(4) 오랫동안 가족들을 만나지 못했습니다. 빨리 고향에 돌아가서 가족들을 만나면 (만났으면) 좋겠습니다.
    很长时间没有见到家人了，真想快点回家，和家人见面。
(5) 대학을 졸업한 후에 1년 정도 한국에서 유학하면(유학했으면) 좋겠습니다.
    大学毕业后能到韩国留学一年就好了。
(6) 무척 피곤합니다. 빨리 일을 끝내고 돌아가 푹 자면(잤으면) 좋겠습니다.
    太累了，真想快点做完事，回家好好睡一觉。

4. -(으)ㄹ까 (생각하다)

用于动词词干后，表示已有计划但未最后确定的事，不能用于疑问句。

例如：

(1) ㄱ: 이번 일요일에 뭐 하실 겁니까? 这个周日准备做什么？
    ㄴ: 글쎄요, 집에서 쉴까 하는데요. 是啊, 我想在家歇一歇。
(2) ㄱ: 이번 휴가에 어떻게 지내실 계획입니까? 这次休假打算怎么过呢？
    ㄴ: 조용한 곳에 가서 책을 읽을까 합니다. 想去一个安静的地方读书。
(3) ㄱ: 홍단 씨 생일날 무슨 선물을 줄 겁니까?
    洪丹的生日你准备送给她什么礼物？
    ㄴ: 책을 한 권 사 줄까 하는데요. 我想是否买一本书送给她。
(4) ㄱ: 내일 모임에 가실 겁니까? 去参加明天的聚会吗？
    ㄴ: 내일 모임에는 빠질까 합니다. 我不想参加明天的聚会。
(5) ㄱ: 한국에 가면 기숙사에서 살 생각입니까?
    如果去韩国的话，打算住在宿舍里吗？
    ㄴ: 아닙니다. 하숙집에서 살까 합니다.
    不，想住在当地人家里，过寄宿生活。

(6) ㄱ: 언제쯤 결혼하실 계획입니까?　打算什么时候结婚?

　　ㄴ: 내후년쯤 할까 합니다.　准备明后年结婚。

5. -처럼, -같이

用于名词后，表示比较的对象。相当于汉语"像……那样（一样，似的）"。

例如：

(1) ㄱ: 이세민 씨는 가수처럼 노래를 잘합니다.

　　　李世民的歌唱得像歌手一样好。

　　ㄴ: 저도 들어 봤는데요. 정말 노래를 잘합니다.

　　　我也听过，唱得确实好。

(2) ㄱ: 저 사람은 영화배우처럼 잘생겼습니다.

　　　那个人长得像电影演员一样帅。

　　ㄴ: 저 사람은 진짜 영화배우입니다.　他真是一位电影演员。

(3) ㄱ: 오늘 백화점에 손님이 많았어요?　今天百货店里客人多吗?

　　ㄴ: 네, 할인판매를 할 때처럼 손님이 많았습니다.

　　　是的，人多得就像减价销售时那样。

(4) ㄱ: 호수가 참 넓지요?　湖大吧?

　　ㄴ: 네, 바다처럼 넓습니다.　是的，像海一样大。

(5) ㄱ: 오늘 날씨가 어떻습니까?　今天的天气怎么样?

　　ㄴ: 봄날씨처럼 따뜻합니다.　像春天一样暖和。

(6) ㄱ: 홍단 씨 성격이 어떻습니까?　洪丹的性格怎么样?

　　ㄴ: 천사처럼 착합니다.　像天使一样善良。

四、练习

1. 用 "-이/가 되다" 完成下列句子。

(1) 어젯밤 꿈속에서 저는＿＿＿＿＿＿＿＿＿＿＿＿＿＿＿＿＿＿＿＿.

(2) 눈이 녹으면＿＿＿＿＿＿＿＿＿＿＿＿＿＿＿＿＿＿＿＿＿＿＿＿.

(3) 제 어릴 때 꿈은＿＿＿＿＿＿＿＿＿＿＿＿＿＿＿＿＿＿＿＿＿.

(4) ＿＿＿＿＿＿＿＿＿＿＿＿＿＿. 그래서 사람들이 퇴근할 준비를 합니다.

(5) ＿＿＿＿＿＿＿＿＿＿＿＿＿＿＿＿＿부모님을 만나러 고향에 갈 겁니다.

(6) 제 희망은＿＿＿＿＿＿＿＿＿＿＿＿＿＿＿＿＿＿＿＿＿＿＿것입니다.

2. 用 "제가(아버지)가 되면……" 或 "저는……(아버지)가 되고 싶습니다" 进行换词造句，并就成为下述人物后的打算进行叙述。

   (1) 아버지/어머니_____.
   (2) 노인_____.
   (3) 여러분 대학의 총장/학장_____.
   (4) 교육부 장관_____.
   (5) 슈퍼스타_____.
   (6) 선생님_____.

3. 用 "-아/어/여지다" 造句填空。

   (1) 봄이 되었습니다._____.
   (2) 선영 씨에게 남자 친구가 생겼습니다.
   _____.
   (3) 10년 전에는 한국어를 배우는 학생이 별로 없었습니다. 그런데 _____
   _____.
   (4) _____. 좀 찾아 주십시오.
   (5) 방을 청소했습니다. 그래서_____.
   (6) 아침에는 비가 오고 바람이 많이 불었습니다. 그런데 점심 때부터 날씨가
   _____.

4. 用 "-(으)면 좋겠다" 简单写出你的希望或愿望。

   (1) 자신의 장래
   _____
   _____

   (2) 가족
   _____
   _____

   (3) 중국의 미래
   _____
   _____

   (4) 세계
   _____
   _____

5. 用"-(으)ㄹ까 생각하다"就以下话题进行对话。

　　(1) 주말　　　　　　(2) 다음 방학
　　(3) 대학 생활　　　　(4) 취직
　　(5) 결혼

6. 按照韩国语的比喻习惯，仿照例句用"-처럼"造句。

　　例句：무섭다—(호랑이)
　　　　→ 우리 아버지는 호랑이처럼 무섭습니다.

　　(1) 예쁘다—(　　　　)
　　　　→＿＿＿＿＿＿＿＿＿＿＿＿＿＿＿＿＿＿＿＿＿

　　(2) 뚱뚱하다—(　　　　)
　　　　→＿＿＿＿＿＿＿＿＿＿＿＿＿＿＿＿＿＿＿＿＿

　　(3) 몸이 말랐다—(　　　　)
　　　　→＿＿＿＿＿＿＿＿＿＿＿＿＿＿＿＿＿＿＿＿＿

　　(4) 착하다—(　　　　)
　　　　→＿＿＿＿＿＿＿＿＿＿＿＿＿＿＿＿＿＿＿＿＿

　　(5) 못생겼다—(　　　　)
　　　　→＿＿＿＿＿＿＿＿＿＿＿＿＿＿＿＿＿＿＿＿＿

　　(6) 열심히 일하다—(　　　　)
　　　　→＿＿＿＿＿＿＿＿＿＿＿＿＿＿＿＿＿＿＿＿＿

7. 你有何计划？请详细写一下你今后的计划。

8. 请将下列句子译成韩文。

（1）我想成为大学校长。

（2）要是能成为出色的医生就好了。

（3）我在考虑大学毕业后是不是去韩国留学一年。

（4）我在想，去他家前是不是买些礼物。

（5）善英像天使一样美丽。

（6）洪丹年纪虽小，可是做事却像大人一样。

（7）你想去微软公司工作？

（8）我想去高丽大学国语国文专业学习。

（9）我好像越来越瘦了。

（10）想家的话，就更孤独了。

五、补充单词

나중에（副）最后	평범하다（形）平凡的
대통령（名）总统	새（名）鸟
여기저기（副）到处	날아다니다（自）飞来飞去
노란색（名）黄色	섞다（他）搀和
보라색（名）青紫色	딸기잼（名）草莓酱
선풍기（名）电风扇	뚱뚱하다（形）肥胖
손님（名）客人	늘다（自）增长
좁다（形）窄的	답답하다（形）闷，憋气
유학하다（自）留学	녹다（自）化
노인（名）老人	총장（名）（综合大学）校长
（모임에）빠지다（自）缺席，不参加	
내후년（名）后年	
학장（名）（单科大学）校长，院长	
영화배우（名）电影演员	
교육과학기술부 장관（名）教育部长官	진짜（名）真的
모습（名）模样	할인판매（名）减价销售
마르다（自）干瘦，干，干枯	결정하다（他）决定
천사（名）天使	외아들（名）独子

착하다(形)善良的,听话的
모시고 살다(词组)和老人一起生活
슈퍼스타(名)超级巨星
마이크로소프트(名)微软公司　　　　서방(名)夫婿

서울에서 김서방 찾기.

这句话的字面意思是:在首尔找姓金的夫婿,指希望渺茫。类似于汉语的"大海捞针"。

第 4 课 春节 설날

一、课文

(1)

지　영: 문수 씨, 새해 복 많이 받으세요.
문　수: 지영 씨도 새해 복 많이 받으세요.
지　영: 문수 씨, 떡국 많이 드셨어요?
문　수: 아니요, 아직 못 먹었습니다.
지　영: 문수 씨, 한국에서는 떡국을 먹어야 나이를 한 살 더 먹을 수 있어요. 그러니까 떡국은 꼭 먹어야 해요.
문　수: 그래요? 한국 사람들의 생각이 아주 재미있어요. 떡국은 어떻게 만들어요?
지　영: 떡국을 만드는 것은 별로 어렵지 않아요. 물에 소고기, 마늘, 파를 넣어 국물을 만들고, 떡과 계란을 넣으면 돼요. 간은 소금과 간장으로 맞추면 되구요.
문　수: 그렇게 어렵지 않은 것 같아요. 오늘 집에 가서 한번 만들어 보겠어요.
지　영: 문수 씨, 우리 윷놀이를 하면서 놀래요? 아주 재미있어요.
문　수: 저는 윷놀이를 못해요.
지　영: 괜찮아요. 제가 가르쳐 드릴게요. 윷놀이는 어렵지 않기 때문에 쉽게 배울 수 있어요.
문　수: 두 명이라도 할 수 있어요?
지　영: 그럼요.
문　수: 우리 한번 직접 해 봅시다. 그러면 더 빨리 이해할 수 있을 것 같아요.

(2)

　　설날은 한국의 명절 중에서 제일 큰 명절입니다. 설날에는 많은 사람들이 차례를 지내기 위해서 고향으로 갑니다. 중국과 마찬가지로 한국 사람들도 수도인 서울에서 일을 하기 위해 평소에 지방에서 사람들이 많이 올라옵니다. 그래서 설날 때는 다시 고향으로 돌아가려는 차들 때문에 고속도로가 많이 막힙니다.

　　설날에는 온 가족이 모여서 조상님께 차례를 지낸 후 아이들은 집안 어른들께 세배를 합니다. 세배를 마치면 어른들은 아이들에게 세뱃돈을 줍니다. 세배가 끝나면 온 가족이 함께 아침 식사를 합니다. 한국 사람들은 설날에는 꼭 떡국을 먹습니다. 떡국을 먹어야 나이 한 살을 더 먹었다고 생각하기 때문입니다. 그리고 가족들끼리 윷놀이나 널뛰기를 하면서 설날을 보냈습니다.

二、单词

간 (名)	咸淡，味道	간장 (名)	酱油
고속도로 (名)	高速公路	-기 위해서 (惯用型)	为了……
-기 때문에 (惯用型)	因为……	나이를 먹다 (词组)	长了岁数
널뛰기 (名)	跷跷板	때문에 (副)	因为
떡국 (名)	年糕汤	마늘 (名)	蒜
마찬가지 (名)	同样	명절 (名)	节日
모이다 (自)	聚集	복 (名)	福，祝福

새해（名）新年	세배（名）拜年
세뱃돈（名）压岁钱	어른（名）大人，长辈
-아/어/여야（词尾）只有……	
윷놀이（名）投骰游戏（韩民族的传统游戏）	
-(으)ㄹ게요（词尾）要，会……	-(으)면서（词尾）一边……一边……
조상님（名）祖先	-중에서（惯用型）在……之中
집안 어른（名）家中老人	차례를 지내다（词组）祭祀
소금（名）盐	

【发音】

同化现象：收音"ㅊ"的后面遇上"ㄴ""ㅁ"时，收音"ㅊ"要发成"ㄴ"。

例如：윷놀이 →[윤노리]

三、基本语法

1. -(으)면서

用于动词词干之后，表示前句和后句的动作同时发生，此时，两个动词必须是同一主语。相当于汉语的"一边……一边……"。

例如：

(1) ㄱ: 방금 뭐 했어요? 你刚才在做什么？

　　ㄴ: 텔레비전을 보면서 밥을 먹고 있었어요. 一边看电视，一边吃饭来着。

(2) ㄱ: 언제 신문을 봤어요? 你什么时候看的报纸？

　　ㄴ: 아까 식사하면서 봤어요. 刚才，一边吃饭一边看的。

(3) ㄱ: 우리 잠깐 이야기 좀 해요. 我们在一起谈谈吧。

　　ㄴ: 시간이 없어요. 그러니까 걸어가면서 이야기합시다.
　　　　没时间了，我们边走边聊吧。

(4) ㄱ: 정신 차리세요. 졸면서 운전하면 정말 위험해요.
　　　　清醒一下吧。边打瞌睡边开车太危险了。

　　ㄴ: 미안해요. 깜빡 졸았어요. 어제 잠을 못 잤어요.
　　　　对不起，刚才突然犯困了。昨晚没睡好觉。

(5) ㄱ: 지영 씨, 음악을 들으면서 공부를 해요?
   志英，你边听音乐边学习啊？
   ㄴ: 네, 저는 음악을 들으면서 공부를 해요.
   是的，我平时边听音乐边学习。
(6) ㄱ: 홍단 씨하고 왕룽 씨 저기서 뭐 해요?　洪丹和王龙在那里做什么？
   ㄴ: 커피 마시면서 이야기해요.　边喝咖啡边谈话。

2. -을/를 위해서, -기 위해서

"-을/를 위해서"用于名词或代词后面，"-기 위해서"用于动词词干后面，表示"为了……"的意思。

例如：

(1) ㄱ: 왜 담배를 안 피우십니까?　为什么不抽烟？
   ㄴ: 건강을 위해서 담배를 끊었어요.　为了健康，已戒烟了。
(2) ㄱ: 안전을 위해서 안전띠를 매시면 좋겠습니다.
   为了安全，最好系上安全带。
   ㄴ: 알겠습니다.　知道了。
(3) ㄱ: 한국어를 왜 공부하십니까?　为什么学习韩国语？
   ㄴ: 한국에 유학하기 위해서 공부합니다.
   为了去韩国留学而学习韩国语。
(4) ㄱ: 술을 왜 마십니까?　为什么喝酒？
   ㄴ: 기분을 전환하기 위해서 마십니다.　为了调整情绪。
(5) ㄱ: 피로를 풀기 위해서 무엇을 하십니까?　如何解除疲劳？
   ㄴ: 목욕을 합니다.　洗澡。
(6) ㄱ: 문수 씨, 한국에 왜 왔습니까?　文洙，你为什么来韩国？
   ㄴ: 한국 역사를 연구하기 위해서 왔습니다.　为了研究韩国历史。

3. 아/어/여야(만)

"-아/어/여야(만)"用于动词词干后，连接两个句子。前句为后句的必需条件。后句不能是命令句和祈使句。

例如：

(1) ㄱ: 청바지를 입고 음악회에 입장할 수 있습니까?
   穿牛仔裤能参加音乐会吗？

ㄴ: 안 됩니다. 정장을 해야 들어갈 수 있습니다.
不行，必须穿正装才可以。

(2) ㄱ: 오늘도 아침 운동을 했어요?　今天早上也锻炼了吗?
ㄴ: 그럼요. 아침 운동을 해야 밥맛이 좋아요.
当然，早上运动后，胃口才好。

(3) ㄱ: 63빌딩 전망대에서 바다를 볼 수 있습니까?
在63大厦的阳台上能看见大海吗?
ㄴ: 날씨가 좋아야 볼 수 있어요.　天气好才能看到。

(4) ㄱ: 엄마, 지금 텔레비전을 봐도 돼요?　妈妈，现在可以看电视了吗?
ㄴ: 안 돼. 숙제를 다 해야 볼 수 있어.　不行，作业做完了才能看。

(5) ㄱ: 김 선생님이 언제쯤 오십니까?　金老师什么时候来?
ㄴ: 10시는 되어야 오실 겁니다.　10点钟才能来。

(6) ㄱ: 왕룽 씨를 만나려면 얼마나 기다려야 합니까?
要见王龙，还需要等多长时间?
ㄴ: 1시간은 기다려야 만날 수 있습니다.　还要等1个小时才能见到。

4. 때문에/-기 때문에

"때문에"和"-기 때문에"表示理由和原因。"때문에"用在名词之后，"-기 때문에"用在动词、形容词后。表示过去的理由时，用"-았/었/였기 때문에"。

例如：

(1) ㄱ: 이 길은 지하철 공사 때문에 막힐 겁니다.
由于地铁施工，这条路可能不通。
ㄴ: 그러면 다른 길로 갑시다.　那么，就走另一条路吧。

(2) ㄱ: 한국에 와서 무엇이 힘들었습니까?
来韩国后吃过什么苦头?
ㄴ: 음식 때문에 고생을 했습니다.　饮食上吃了点苦头。

(3) ㄱ: 왜 요즘 젊은 사람들은 아파트에서 살려고 합니까?
为什么现在的年轻人总想住在公寓楼里?
ㄴ: 아파트가 편하기 때문입니다.　因为公寓方便。

(4) ㄱ: 그 사람을 어떻게 압니까?　怎么认识那个人的?
ㄴ: 지난 학기에 같이 한국어를 배웠기 때문에 압니다.
上个学期，我们在一起学习韩国语就认识了。

(5) ㄱ: 왜 문수 씨를 좋아합니까? 你为什么喜欢文洙？
　　ㄴ: 착하고 성실한 사람이기 때문에 좋아합니다.
　　　因为他善良诚实，所以我喜欢他。
(6) ㄱ: 홍단 씨, 같이 영화 보러 갑시다. 洪丹，一起去看电影吧。
　　ㄴ: 내일 시험이 있기 때문에 시간이 없습니다.
　　　我明天考试，没有时间。

5. -에서/-중에서

"-에서"和"-중에서"用于体词之后，相当于汉语"在……之中"。几个名词的集合体后用"-중에서"，表示范围或单一体的名词后用"-에서"。

例如：

(1) ㄱ: 문수 씨와 세민 씨, 민호 씨 중에서 누가 제일 키가 큽니까?
　　　在文洙、世民、民浩几个人当中谁的个子最高？
　　ㄴ: 문수 씨가 제일 키가 큽니다. 文洙个子最高。
(2) ㄱ: 우리 방에서 누가 한국말을 제일 잘합니까?
　　　我们房间里，谁韩国语说得最好？
　　ㄴ: 홍단 씨가 한국말을 제일 잘합니다. 洪丹的韩国语说得最好。
(3) ㄱ: 한국말과 일본말과 중국말 중에서 어느 나라 말이 제일 어렵습니까?
　　　韩国语、日本语、汉语中，哪国语言最难？
　　ㄴ: 중국말이 제일 어렵습니다. 汉语最难。
(4) ㄱ: 우리 반에서 제일 재미있는 사람은 누구입니까?
　　　我们班最有趣的人是谁？
　　ㄴ: 왕룽 씨가 제일 재미있습니다. 王龙最有趣。
(5) ㄱ: 세계에서 제일 높은 산은 무슨 산입니까? 世界上最高的山是哪座？
　　ㄴ: 히말라야 산이 세계에서 제일 높습니다.
　　　喜马拉雅山是世界上最高的山。
(6) ㄱ: 일주일 중에서 무슨 요일을 제일 좋아합니까?
　　　一星期中你最喜欢星期几？
　　ㄴ: 토요일을 제일 좋아합니다. 最喜欢星期六。

四、练习

1. 仿照例子用"-(으)면서"造句。

例如：신문을 보다/커피를 마시다
→ 신문을 보면서 커피를 마십니다.

(1) 걷다/이야기하다_____
(2) 춤을 추다/노래하다_____
(3) 텔레비전을 보다/밥을 먹다_____
(4) 청소하다/노래하다_____
(5) 전화 받다/메모하다_____
(6) 껌을 씹다/말하다_____

2. 完成下列句子。

(1) 나는 가족을 위해서_____.
(2) 나라를 위해서_____.
(3) 사랑하는 사람을 위해서_____.
(4) _____위해서 한국어를 공부합니다.
(5) _____위해서 백화점에 갔습니다.
(6) _____위해서 저축을 합니다.

3. 用"-아/어/여어야(만)"造句，指出实现以下愿望的条件。

(1) 공부를 잘하고 싶습니다. _____
(2) 친구가 많은 사람이 되고 싶습니다. _____
(3) 세계 여행을 하고 싶습니다. _____
(4) 한국어를 잘하고 싶습니다. _____
(5) 부자가 되고 싶습니다. _____
(6) 건강하게 살고 싶습니다. _____

4. 用"때문에"和"-기 때문에"完成下列对话。

(1) ㄱ: 왜 그렇게 기운이 없어요?
ㄴ: _____.

(2) ㄱ: 왜 파티에 안 왔어요?
　　ㄴ: _____.

(3) ㄱ: 왜 한국어를 공부합니까?
　　ㄴ: _____.

(4) ㄱ: 왜 택시를 탑니까?
　　ㄴ: _____.

(5) ㄱ: 오늘 왜 지각했습니까?
　　ㄴ: _____.

(6) ㄱ: 왜 그렇게 기분이 좋습니까?
　　ㄴ: _____.

5. 回答下列问题。

(1) 이 세상에서 누구를 제일 좋아합니까? 왜 그렇습니까?
_____.
_____.

(2) 계절 중에서 어느 계절을 제일 좋아합니까? 왜 그렇습니까?
_____.
_____.

(3) 중국에서 어느 곳을 제일 좋아합니까? 왜 그렇습니까?
_____.
_____.

(4) 여러분은 학교 다닐 때 과목 중에서 무슨 과목을 제일 싫어했습니까? 왜 그랬습니까?
_____.
_____.

(5) 동물 중에서 무슨 동물을 제일 좋아합니까? 왜 그렇습니까?
_____.
_____.

(6) 친구 중에서 제일 좋아하는 사람은 누구입니까? 왜 그렇습니까?
_____.
_____.

6. 会话练习。请用自己的话简要介绍一下韩国人如何过春节。

7. 写作练习。用韩国语简要介绍中国如何过新年。

8. 请将下列句子译成韩文。

(1) 幼儿园的小朋友们边唱歌边跳舞来着。

(2) 睡觉的时候做梦了。

(3) 因为在下雨，估计她不能来了。

(4) 因为没钱，所以没能买东西。

(5) 他正在为了下个月的考试而努力学习。

(6) 为了买那本书，我去了一趟教保文库。

(7) 这本书要读五遍以上才能看懂。

(8) 坐船才能去那里。

(9) 这是世界上最大的湖。

(10) 在你学习过的语言中，什么语言最难学？

五、补充单词

건강（名）健康
기분전환（词组）改变心情，调整情绪
깜빡 졸다（词组）突然犯困　　껌을 씹다（词组）嚼口香糖
밥맛이 좋다（词组）胃口好，吃饭香
세배 드리다（词组）拜年　　아까（副）刚才
아파트（名）公寓　　안전（名）安全
안전띠를 매다（词组）系安全带　　연구하다（他）研究
위험하다（形）危险　　63빌딩（名）63大厦
음악회（名）音乐会　　전망대（名）瞭望台，阳台
정신차리다（词组）提起精神，振作精神　　정장（名）正装
지하철공사（名）地铁施工　　피로를 풀다（词组）解除疲劳
힘들다（自）劳累，费劲

俗语

윗물이 맑아야 아랫물이 맑다.

这句话的字面意思是：只有上游水清，下游的水才会清澈。类似于汉语的"上行下效"，"上梁不正下梁歪"。

第5课 游览万里长城 만리장성 구경하기

一、课文

(1)

홍 단: 여기가 바로 만리장성입니다.

지 영: 정말 굉장하네요. 생각보다 훨씬 더 크고 멋있네요. 만리장성은 언제 지어졌어요?

홍 단: 지어진 지 벌써 2,000여 년이나 됩니다.

지 영: 그 옛날에 돌과 흙만으로 이런 공사를 했어요? 무척 힘들었겠네요. 중국 사람들은 정말 대단한 것 같아요.

홍 단: 네, 만리장성은 우리 중국의 자랑입니다.

홍 단: 지영 씨, 많이 힘들지요? 그만 내려갈까요?

지 영: 아니에요, 계단이 있어서 올라가기가 쉽네요. 저기까지만 올라가요. 그런데 과학 기술이 발달하지 않았을 때 어떻게 이런 성을 쌓았을까요? 지금도 이런 성을 쌓기가 쉽지 않을 것 같은데.

홍 단: 그래서 만리장성을 세계 최대의 불가사의라고 합니다.

지 영: 그래요? 정말 대단하네요.

(2)

　　만리장성은 지금부터 2,000여 년 전에 지어졌습니다. 그 길이가 6,700킬로미터나 됩니다. 지금의 과학기술로도 이런 건축물은 만들기 어렵습니다. 해마다 많은 관광

객들이 만리장성을 구경하러 옵니다. 모두들 만리장성의 엄청난 규모에 깜짝 놀랍니다. 만리장성은 중국 사람들의 큰 자랑거리입니다.

 만리장성은 워낙 길어서 전부 다 구경하기는 어렵습니다. 만리장성을 구경할 수 있는 가장 편한 방법은 팔달령으로 가는 것입니다. 팔달령은 관광지로 매우 잘 개발된 곳입니다. 팔달령으로 가는 길에는 고속도로가 만들어졌습니다. 북경 시내에서 차를 타고 한 시간 정도 북쪽으로 올라가면 됩니다. 팔달령에는 케이블카도 있어서 걸어 올라가기 힘든 사람은 케이블카를 타고 만리장성에 올라갈 수 있습니다. 만리장성에 올라 주변 경치를 바라보면 그야말로 장관입니다.

二、单词

개발되다（自）被开发	계단（名）台阶
-겠-（词尾）表示推测	과학기술（名）科学技术
굉장하다（形）壮观	그야말로（副）正是，的确
-기(가) 쉽다（惯用型）很容易做……	-네요（词尾）表示感叹的终结词尾
만리장성（名）万里长城	바로（副）正好
발달하다（自）发达的	보인대요（惯用型）看得见
불가사의（名）不可思议	성（名）城
최대（名）最大	쌓다（他）堆，构筑，砌
올라가다（自）爬上	워낙（副）原本，非常
-(으)로（助）表示工具、手段、材料等	-(으)ㄴ 지（词尾）表示经历的时间
자랑（名）自豪	장관（名）壮观
주변（名）周边，周围	지어지다（自）建成
케이블카（名）缆车	팔달령（名）八达岭
훨씬（副）更	흙（名）土，泥

【发音】

① 同化现象：收音 "ㄴ" 后面出现辅音 "ㄹ" 时，"ㄴ" 发 "ㄹ" 的音。
  例如：만리장성 → ［말리장성］

② 连音现象：收音 "ㄹ" 后面遇上 "ㄴ" "ㅁ" 的话，发 "ㅇ" 的音。
  例如：흙만으로 → ［흥마느로］

三、基本语法

1. -네요

"-네요"用于动词和形容词词干之后，表示感叹。

例如：

(1) ㄱ: 왕단 씨, 오늘 참 옷이 예쁘네요.　王丹，你今天的衣服真漂亮。
　　ㄴ: 고맙습니다.　谢谢。

(2) ㄱ: 오늘 날씨가 좀 춥지요?　今天的天气有些冷吧?
　　ㄴ: 네, 좀 쌀쌀하네요.　是的，有些冷飕飕的。

(3) ㄱ: 이 불고기 맛이 어떻습니까?　这个烤肉的味道怎么样?
　　ㄴ: 참 맛있네요! 이거 어떻게 만듭니까?　好吃啊! 怎么做的?

(4) ㄱ: 문수 씨, 한국말을 참 잘하시네요.　文洙，你的韩国语说得真好。
　　ㄴ: 뭘요, 아직 많이 부족합니다.　什么呀，还差得远呢。

(5) ㄱ: 세민 씨, 오늘 참 멋있네요. 무슨 좋은 일이 있어요?
　　　世民，今天你真够气派的，有什么喜事?
　　ㄴ: 오후에 여자 친구를 만날 거예요.　下午要去见女朋友。

(6) ㄱ: 서울에는 사람하고 차가 참 많네요!　首尔的人和车辆真多啊!
　　ㄴ: 점점 많아지는 것 같아요.　好像越来越多了。

2. -(으)로

格助词，用于名词后，表示手段、工具、材料等。

例如：

(1) ㄱ: 빵은 무엇으로 만듭니까?　面包是用什么做的?
　　ㄴ: 밀가루로 만듭니다.　用面粉做的。

(2) ㄱ: 스프가 참 맛있네요. 무엇으로 만든 겁니까?
　　　汤真好喝，用什么做的?
　　ㄴ: 버섯하고 쇠고기로 만든 겁니다.　用蘑菇和牛肉做的。

(3) ㄱ: 옷이 참 따뜻하겠네요?　衣服很暖和，是吧?
　　ㄴ: 네, 양털로 만들어서 정말 따뜻해요.　是，用羊毛做的，很暖和。

(4) ㄱ: 이 서류에 볼펜으로 써도 됩니까?　这份文件可以用圆珠笔填写吗?
　　ㄴ: 안 됩니다. 만년필로 쓰십시오.　不行，请用钢笔写。

(5) ㄱ: 제주도까지 어떻게 갈 수 있습니까?　怎样才能到济州岛?
　　　　ㄴ: 비행기나 배로 갈 수 있습니다.　可以坐飞机或船去。
　　(6) ㄱ: 어떻게 계산하시겠습니까?　怎样结账?
　　　　ㄴ: 신용카드로 계산하겠습니다.　用信用卡结账。

3. -겠-

"-겠-"用于动词、形容词词干之后。主语是第二或第三人称时，表示说话人主观上对其行为、状态的推测。

例如:

　　(1) ㄱ: 날씨가 아주 흐려요. 비가 오겠어요.　天气很阴，可能要下雨了。
　　　　ㄴ: 우산을 가져가야겠어요.　看样子得带把伞了。
　　(2) ㄱ: 구두를 샀어요.　买了皮鞋。
　　　　ㄴ: 예뻐요. 그런데 조금 비싸겠어요.　很好看，但是价钱肯定不便宜。
　　(3) ㄱ: 지금쯤 왕단 씨가 집에 돌아왔겠어요. 전화해 봅시다.
　　　　　现在王丹可能已经到家了，打个电话看看。
　　　　ㄴ: 그럽시다.　好的。
　　(4) ㄱ: 서두릅시다. 늦겠어요.　快点，要迟到了。
　　　　ㄴ: 괜찮아요. 아직 시간이 있어요.　没关系，还有时间。
　　(5) ㄱ: 가족들이 많이 보고 싶겠어요.　很想见到家人吧。
　　　　ㄴ: 네, 그래서 편지를 자주 씁니다.　是的，所以经常写信。
　　(6) ㄱ: 무슨 영화를 볼까요?　看什么电影好呢?
　　　　ㄴ: 저 영화가 재미있겠어요. 멋있는 영화배우가 나와요.
　　　　　那个电影可能很有意思，演员很帅。

4. -(으)ㄴ 지

"-(으)ㄴ 지"用于动词词干后，表示经历的时间，后面常接"지나다, 되다, 흐르다"。

例如:

　　(1) ㄱ: 한국에 온 지 얼마나 됩니까?　来韩国多久了?
　　　　ㄴ: 한국에 온 지 이제 한 달 됐습니다.　来韩国已经一个月了。
　　(2) ㄱ: 왕룽 씨는 잘 있습니까?　王龙过得好吗?
　　　　ㄴ: 저도 왕룽 씨 못 본 지 두 달이나 됐어요.
　　　　　我已经两个月没见到王龙了。

(3) ㄱ: 중국어를 공부한 지 얼마나 됐습니까? 汉语学了多久了?
    ㄴ: 6개월 됐습니다. 已经六个月了。
(4) ㄱ: 언제 결혼했어요? 什么时候结的婚?
    ㄴ: 아직 신혼입니다. 결혼한 지 한 달밖에 안 됐어요.
       还是新婚期, 结婚才一个月。
(5) ㄱ: 이 텔레비전은 언제 사신 겁니까? 这电视机是什么时候买的?
    ㄴ: 산 지 한 달밖에 안 됐어요. 그런데 벌써 고장이 났어요.
       买了不到一个月, 可是已经出故障了。
(6) ㄱ: 문수 씨 지금 집에 있어요? 文洙现在在家吗?
    ㄴ: 아니요, 집에서 나간 지 벌써 3 시간이나 됐어요.
       不, 已经出去三个小时了。

5. -기(가) 쉽다/어렵다/좋다/싫다

"-기"用于动词词干后, 将动词转变为体词。与"쉽다""어렵다""좋다""싫다"等形容词相结合时表示如下意思。

-기가 쉽다 (容易做……)

-기가 어렵다 (难做……)

-기가 좋다 (好……)

-기가 싫다 (讨厌做……)

例如:

(1) ㄱ: 이가 아파서 음식을 먹을 수 없어요. 牙很痛, 没法吃东西。
    ㄴ: 그러면 이걸 잡숴 보세요. 부드러워서 먹기가 좋아요.
       那么, 吃这个试试看。很松软的, 容易嚼。
(2) ㄱ: 빨리 일어나세요. 아침 운동을 합시다. 快起床, 做早锻炼。
    ㄴ: 전 일요일에는 정말 일찍 일어나기가 싫어요.
       我真是讨厌星期天一大早起床。
(3) ㄱ: 이 세상에서 제일 하기 싫은 일이 뭡니까?
       这世上最讨厌做的事情是什么?
    ㄴ: 시험 보는 것입니다. 考试。
(4) ㄱ: 무슨 과목 시험이 어려웠습니까? 什么科目的考试最难?
    ㄴ: 수학 문제 풀기가 어려웠습니다. 数学最难。
(5) ㄱ: 오늘 날씨가 갑자기 추워졌네요. 今天天气突然变冷了。

ㄴ: 이런 날에는 감기에 걸리기가 쉬워요. 조심하세요.
　　这种天最容易感冒，小心点。
(6) ㄱ: 한국 생활이 어때요?　韩国生活怎么样?
　　ㄴ: 한국말을 몰라서 생활하기가 어려워요.
　　不懂韩国语，生活很不方便。

四、练习

1. 用"-네요"造句，表达处于以下场合时的感受。

　　(1) 바다　　　　　　(2) 산
　　(3) 백화점　　　　　(4) 천안문 광장
　　(5) 겨울　　　　　　(6) 여름

2. 仿例造句。

　　例如: 카메라→카메라로 사진을 찍습니다.
　　(1) 빗　　　　　　　(2) 녹음기
　　(3) 컴퓨터　　　　　(4) 다리미
　　(5) 크레파스　　　　(6) 가위

3. 在下面两组中选择适当的，仿照例子将其组成一句话。

　　例如: 10분밖에 시간이 안 남았어요. 늦겠어요.

〈ㄱ〉	〈ㄴ〉
코트를 벗다	아프다
일이 많다	늦다
엄마가 예쁘다	덥다
다리를 다치다	피곤하다
날씨가 추워요	감기에 걸리다
서두르다	아이가 예쁘다

(1) _____.
(2) _____.
(3) _____.
(4) _____.

(5) _____.
(6) _____.

4. 仿例造句。

    例如: 언제 결혼했습니까? (1년)
          → 결혼한 지 1년 됐습니다.

    (1) 언제 서울로 이사왔습니까? (3년)
        → _____

    (2) 언제 학교를 졸업했습니까? (2년)
        → _____

    (3) 왕단 씨가 언제 나갔습니까? (1시간)
        → _____

    (4) 몇 시에 식사했습니까? (2시간)
        → _____

    (5) 한국어를 배운 지 얼마나 됐습니까? (6개월)
        → _____

    (6) 수영을 언제부터 시작했습니까? (2달)
        → _____

5. 用"-기가 좋다/싫다/쉽다/어렵다"完成下列对话。

    (1) ㄱ: 이번 휴가에는 바다에 갑시다.
        ㄴ: 나는 바다에_____. 산에 갑시다.

    (2) ㄱ: 오늘은 도서관에 안 갈 겁니까?
        ㄴ: 날씨가 너무 좋아서_____. 놀러 갑시다.

    (3) ㄱ: 한국 음식 어때요?
        ㄴ: 처음에는 너무 매워서_____. 그런데 지금은 익숙해졌어요.

    (4) ㄱ: 오늘 날씨가 참 좋지요?
        ㄴ: 네,_____.

    (5) ㄱ: 다리를 다쳐서_____.
        ㄴ: 제가 도와 드릴게요.

    (6) ㄱ: 미안합니다. 그날은 갑자기 일이 생겨서_____.
        ㄴ: 그러면 회의를 연기합시다.

6. 会话练习。请用自己的话简要介绍长城。

7. 写作练习。用韩国语写一篇游记。

8. 请将下列句子译成韩文。

（1）今天的天气真热啊！
（2）他韩国语才学了半年，可是说得真好啊！
（3）这件衣服是用什么做的？
（4）在我们班，只有他一个人用左手写字。
（5）我来北京已经一年了。
（6）搬到这里已经三年了，可是没有结交太多的朋友。
（7）这部电影很好看。
（8）我不喜欢喝酒。
（9）两年以后，文洙就要成为一名大学生了。
（10）收到了父母的来信，一定很开心吧。

五、补充单词

가위（名）剪子	건축물（名）建筑物
계산하다（他）结账	관광객（名）游客
녹음기（名）录音机	다리미（名）熨斗
디스코텍（名）迪厅	뭘요（常用语）哪儿啊（客气用语）
밀가루（名）面粉	버섯（名）蘑菇
부드럽다（形）松软，柔和，温和	빗（名）梳子
서두르다（他）急忙	서류（名）文件，表
쇠고기（名）牛肉	수프（名）汤
신혼（名）新婚	쌀쌀하다（形）冷飕飕
양털（名）羊毛	크레파스（名）彩色粉笔，蜡笔
엄청나다（形）非常大，（大或多得）出奇	
자랑거리（名）值得自豪的事，值得骄傲的事物	
천안문 광장（名）天安门广场	킬로미터（名）公里

俗语

고생 끝에 낙이 온다.

这句话的字面意思是：受苦之后会来福。类似于汉语的"苦尽甘来"。

第6课 道歉 사과하기

一、课文

(1)

왕 룽: 홍단 씨, 미안합니다. 많이 기다리셨죠? 30분이나 늦었네요.

홍 단: 무슨 일로 이렇게 늦으셨어요?

왕 룽: 집에서 일찍 나왔는데 길이 많이 막혔어요. 정말 죄송합니다. 기다리는 동안 많이 지루하셨죠?

홍 단: 아니에요, 사실 기다리는 동안 재미있는 소설책을 보고 있어서 괜찮았어요.

왕 룽: 오늘은 제가 늦었으니까 맛있는 저녁을 살게요.

홍 단: 어디선가 핸드폰 진동 소리가 울리는데요? 혹시 왕룽 씨 핸드폰 아니에요?

왕 룽: 엇, 그렇네요. 홍단 씨 귀 정말 밝으시네요. 전화 좀 받을게요.

(전화를 받는다)

왕 룽: 네, 여보세요.

지 영: 여보세요? 왕룽 씨 전화 맞습니까?

왕 룽: 네, 접니다.

지 영: 안녕하세요? 저 김지영이에요.

왕 룽: 네, 안녕하세요? 그런데 웬일이십니까?

지 영: 사실은 갑자기 일이 생겼어요. 그래서 이번 주 토요일 모임에 나갈 수 없게 되었어요. 이상하게 토요일마다 자꾸 일이 생겨요. 어떻게 하지요?

왕 룽: 그러면 토요일 모임을 다음 주 수요일로 연기합시다.
지 영: 그래도 괜찮을까요?
왕 룽: 그렇게 미안하시면 지영 씨가 그날 저녁을 사시면 되겠네요.

(2)

왕룡 씨,

안녕하세요?

지난번 여행 약속을 지키지 못해서 정말 미안해요. 저도 왕룽 씨하고 함께 설악산 여행을 꼭 가고 싶었어요. 그런데 그날 아침 갑자기 배탈이 나서 도저히 갈 수가 없는 상황이었어요. 다시 한번 사과드려요. 다음 번에는 꼭 같이 갔으면 좋겠어요.

그날 아침 갑자기 연락 받고는 당황스러우셨죠? 저는 왕룽 씨가 화를 내도 할 말이 없다고 생각했는데, 오히려 걱정을 해주셔서 너무나도 감사했어요. 왕룽 씨의 따뜻한 마음이 느껴졌어요.

설악산 여행은 재미있었어요? 설악산의 풍경은 정말로 아름답죠? 저는 한국의 가장 멋진 볼거리 중 하나는 아름다운 자연이라고 생각해요. 특히 그 중에서도 한국의 산은 정말 아름다워요. 왕룽 씨가 본 설악산은 단풍으로 빨갛게 물들어 있었겠네요. 가을의 설악산은 사계절 중에서도 으뜸입니다. 정말 아쉬워요.

그 외에도 할 말이 많지만 이만 줄이겠습니다. 다음주쯤 댁으로 한번 전화할게요. 그때까지 안녕히 계세요.

2015년 9월 28일
문수 올림

二、单词

귀가 밝다（词组）耳朵灵	그래도（副）即使是那样
내다（他）拿出	너무나도（副）太，极为
-는데（词尾）表示提示	-는 동안（惯用型）在此期间
당황스럽다（形）惊慌，着急	도저히（副）根本，无论如何（下接否定词）
-마다（助）每……	물들다（自）染
배탈이 나다（词组）拉肚子	볼거리（名）值得一看的东西
사과하기（名）道歉，赔罪	사실（名）事实上，实际

상황 (名) 情况，状况　　　어디선가 (惯用形) 某地
연기하다 (自，他) 延期　　오히려 (副) 反倒
울리다 (自) 响　　　　　으뜸 (名) 第一，最好
-(이)나 (助) 强调数量之多　이상하다 (形) 奇怪
자꾸 (副) 老是　　　　　　줄이다 (他) 缩短，省略
지루하다 (形) 讨厌，厌烦　진동 (名) 振动
화를 내다 (词组) 发火

【发音】

连音现象：收音"ᆭ"的后面出现元音时，"ㅎ"不发音，"ㄴ"和后面的元音结合发音。

例如：괜찮을까요 → [괜차늘까요]

三、基本语法

1. 동안, -는 동안

"동안"用于表示时间的词语后面，表示一定的期间。"-는 동안"用于动词词干后，表示一定的时间。

例如：

(1) ㄱ: 며칠 동안 병원에 다녔습니까?　去了几天医院?

ㄴ: 일주일 동안 다녔습니다.　去了一星期医院。

(2) ㄱ: 얼마 동안 일본에 있을 겁니까?　将在日本待多久?

ㄴ: 약 한 달쯤 있을 겁니다.　大概待一个月。

(3) ㄱ: 한국에 있는 동안 무엇을 하고 싶어요?　在韩国期间想做点什么?

ㄴ: 한국말과 한국 문화를 배우고 싶습니다.

想学习韩国语和韩国文化。

(4) ㄱ: 제가 없는 동안 집 좀 봐 주세요.

我不在的时候麻烦您照看一下房子。

ㄴ: 걱정 마세요.　别担心。

(5) ㄱ: 저는 뭘 도와 드릴까요?　我能帮你做些什么?

ㄴ: 제가 설거지하는 동안 청소 좀 해 주세요.

我洗碗的时候麻烦您给打扫一下屋子。

(6) ㄱ: 아이가 자요. 좀 쉬세요.　小孩睡着了，稍微休息一下吧。

　　ㄴ: 아니에요, 아이가 자는 동안 빨리 집안일을 끝내야 해요.

　　　　不，趁孩子睡觉，我得赶快把家务做完。

2. -마다, -(으)ㄹ 때마다

助词，表示"毫无遗漏，全部都"之意，相当于汉语的"每……"。名词后面用"-마다"，动词词干后面用"-(으)ㄹ 때마다"。

例如：

(1) ㄱ: 영화를 자주 보십니까?　经常看电影吗?

　　ㄴ: 네, 매주 토요일마다 영화를 보러 갑니다.

　　　　是的，我每周六都去看电影。

(2) ㄱ: 왕룽 씨는 건강을 지키기 위해서 무엇을 하십니까?

　　　　王龙你是怎样保持身体健康的?

　　ㄴ: 저는 건강을 위해서 아침마다 수영을 합니다.

　　　　我为了健康每天早上游泳。

(3) ㄱ: 취미가 무엇입니까?　你的爱好是什么?

　　ㄴ: 주말마다 등산하는 것입니다.　每周末去爬山。

(4) ㄱ: 문수 씨는 어떻게 피로를 풉니까?　文洙，你是怎样解除疲劳的?

　　ㄴ: 나는 피곤할 때마다 목욕을 하고 잠을 잡니다.

　　　　每当我疲劳的时候就洗个澡睡觉。

(5) ㄱ: 학교에 어떻게 갑니까?　你怎样去学校?

　　ㄴ: 저는 학교에 갈 때마다 지하철을 탑니다.　我总是坐地铁去学校。

(6) ㄱ: 홍단 씨는 시간이 있으면 무엇을 합니까?

　　　　洪丹，你有空时都做些什么?

　　ㄴ: 저는 시간이 있을 때마다 테니스를 칩니다.　我一有空就打网球。

3. -(이)나

助词，"-(이)나"用于表示数量的名词后面，表示推测、估计，有"大概、或许"之意。往往表示数量超出一般的标准。

例如：

(1) ㄱ: 한국어를 얼마 동안 공부했습니까?　韩国语学了多久了?

　　ㄴ: 벌써 일 년이나 공부했습니다. 그런데 아직 잘 못합니다.

　　　　都已经学了一年了，可还是说得不好。

(2) ㄱ: 오래 기다리셨습니까?　等了很久了吗?
　　ㄴ: 벌써 삼십 분이나 기다렸습니다.　已经等了30分钟了。
(3) ㄱ: 문수 씨는 키가 큽니까?　文洙个子高吗?
　　ㄴ: 네, 키가 백팔십칠 센티미터나 됩니다.　是的，大约有1米87。
(4) ㄱ: 홍단 씨, 생일날 무슨 선물을 받았습니까?
　　　 洪丹，你生日收到了什么礼物?
　　ㄴ: 친구들한테서 장미꽃을 스무 송이나 받았습니다.
　　　 从朋友那儿收到了20朵玫瑰花。
(5) ㄱ: 가족이 몇 명입니까?　你家有几口人?
　　ㄴ: 우리 가족은 모두 일곱 명이나 됩니다.　我家共有7口人。
(6) ㄱ: 어제 손님이 많이 왔습니까?　昨天客人来得多吗?
　　ㄴ: 네, 열 명이나 왔습니다.　是的，大约来了10位。

4. -는데

连接词尾，用于动词词干后，连接内容相反的两个句子，为下文提示一般的环境。有"可是、但是"之意。

例如：

(1) ㄱ: 김치 맛이 어때요?　泡菜的味道如何?
　　ㄴ: 맛은 있는데 너무 매워요.　很好吃，但太辣了。
(2) ㄱ: 문수 씨 형제는 다 키가 큽니까?　文洙，你兄弟个子都高吗?
　　ㄴ: 아닙니다. 다 작은데 나만 큽니다.　不，都很矮，就我高。
(3) ㄱ: 중국 여행이 어땠어요?　中国之旅怎么样?
　　ㄴ: 재미는 있었는데 음식 때문에 고생했습니다.
　　　 很有意思，但饮食方面不适应。
(4) ㄱ: 비가 오는데 우산이 없어요.　下雨了，可是没有雨伞。
　　ㄴ: 이 우산을 같이 씁시다.　一起用这把伞吧。
(5) ㄱ: 오늘 미용실에 가서 머리를 잘랐는데 이 머리 어때요?
　　　 今天去美容院剪了头发，这发型如何?
　　ㄴ: 예뻐요.　很漂亮。
(6) ㄱ: 백화점에서 옷을 샀는데 좀 작아요.
　　　 在百货商店买了件衣服，但有点小。
　　ㄴ: 그럼, 큰 옷으로 바꾸세요.　那换件大点的吧。

5. 그래도

"그래도"有"即使"的意思，表示让步。

例如：

(1) ㄱ: 동생도 키가 큽니까? 你弟弟个子也高吗?

ㄴ: 아니요, 키가 크지 않습니다. 그래도 농구를 참 잘합니다.
不, 不高。即使那样, 他篮球打得也很好。

(2) ㄱ: 문수 씨는 한국말을 석 달밖에 안 배웠어요.
文洙只学了三个月韩国语。

ㄴ: 그래도 한국말을 참 잘해요. 即使那样, 韩国语说得也很好。

(3) ㄱ: 이번 주는 너무 바빠서 야근까지 했어요. 그래도 아직 할 일이 많이 남았어요.
这周太忙了, 晚上还加了班。即使那样, 还有很多事情没有做完。

ㄴ: 저도 마찬가지예요. 我也一样。

(4) ㄱ: 요즘 딸기 값이 싸졌어요. 最近, 草莓价格便宜了不少。

ㄴ: 그래도 아직 비싸요. 即使那样, 也还是很贵。

(5) ㄱ: 오늘 날씨가 굉장히 추운 것 같아요. 今天感觉天气非常冷。

ㄴ: 그래도 바람이 불지 않아서 어제보다 춥지 않은 것 같아요.
还好没有刮风, 感觉没有昨天那么冷。

(6) ㄱ: 우리 부모님은 내가 영화배우가 되는 것을 싫어하세요.
我父母不喜欢我当电影演员。

ㄴ: 그래도 영화배우가 될 겁니까? 那你还想当电影演员吗?

四、练习

1. 仿照例子, 用"-는 동안"填空。

例如: 매미가 노는 동안 개미는 열심히 일했습니다.

(1) _____저는 텔레비전을 보았습니다.

(2) _____홍단 씨는 숙제를 했습니다.

(3) _____왕룽 씨는 요리를 했습니다.

(4) 한국에서 생활하는 동안_____.

(5) 공부하는 동안_____.

(6) 여행하는 동안＿＿＿＿＿＿＿＿＿＿＿＿＿＿＿＿＿＿＿＿＿＿＿.

2. 完成下列句子。

(1) 매주 일요일마다＿＿＿＿＿＿＿＿＿＿＿＿＿＿＿＿＿＿＿＿＿.

(2) 날마다＿＿＿＿＿＿＿＿＿＿＿＿＿＿＿＿＿＿＿＿＿＿＿＿＿.

(3) 화가 날 때마다＿＿＿＿＿＿＿＿＿＿＿＿＿＿＿＿＿＿＿＿＿.

(4) 피곤할 때마다＿＿＿＿＿＿＿＿＿＿＿＿＿＿＿＿＿＿＿＿＿＿.

(5) 잘 때마다＿＿＿＿＿＿＿＿＿＿＿＿＿＿＿＿＿＿＿＿＿＿＿.

(6) 기분이 좋을 때마다＿＿＿＿＿＿＿＿＿＿＿＿＿＿＿＿＿＿＿.

3. 仿照例子，用"-(이)나"完成下列句子。

例如: 술을 얼마나 마셨습니까? (맥주 5병)
　　　→ 맥주를 5병이나 마셨습니다.

(1) 동생이 몇 명입니까? (4명)

　　→ ＿＿＿＿＿＿＿＿＿＿＿＿＿＿＿＿＿＿＿＿＿＿＿＿

(2) 북경에서 얼마 동안 있었습니까? (5년)

　　→ ＿＿＿＿＿＿＿＿＿＿＿＿＿＿＿＿＿＿＿＿＿＿＿＿

(3) 옷을 많이 샀습니까? (3벌)

　　→ ＿＿＿＿＿＿＿＿＿＿＿＿＿＿＿＿＿＿＿＿＿＿＿＿

(4) 세뱃돈을 얼마나 받았습니까? (20만 원)

　　→ ＿＿＿＿＿＿＿＿＿＿＿＿＿＿＿＿＿＿＿＿＿＿＿＿

(5) 어제 잠을 충분히 잤습니까? (9시간)

　　→ ＿＿＿＿＿＿＿＿＿＿＿＿＿＿＿＿＿＿＿＿＿＿＿＿

(6) 키가 얼마입니까? (185센티미터)

　　→ ＿＿＿＿＿＿＿＿＿＿＿＿＿＿＿＿＿＿＿＿＿＿＿＿

4. 完成下列句子。

(1) 홍단 씨는 예쁜데＿＿＿＿＿＿＿＿＿＿＿＿＿＿＿＿＿＿＿.

(2) 영화관에 갔는데＿＿＿＿＿＿＿＿＿＿＿＿＿＿＿＿＿＿＿.

(3) 내일 시험인데＿＿＿＿＿＿＿＿＿＿＿＿＿＿＿＿＿＿＿＿.

(4) 한국말을 배웠는데＿＿＿＿＿＿＿＿＿＿＿＿＿＿＿＿＿＿.

(5) 시험 공부를 열심히 했는데＿＿＿＿＿＿＿＿＿＿＿＿＿＿.

(6) 왕단 씨는 날씬한데＿＿＿＿＿＿＿＿＿＿＿＿＿＿＿＿＿.

5. 将下面两组短语进行组合搭配，并用"-는데"将其连接成句。

　　　　　〈ㄱ〉　　　　　　　　〈ㄴ〉
　　　　비가 오다　　　　　　날씬하다
　　　　피곤하다　　　　　　사람이 너무 많다
　　　　전화하다　　　　　　맛이 없다
　　　　서울에 가다　　　　　산에 가다
　　　　비빔밥을 먹다　　　　친구하고 놀다
　　　　나는 뚱뚱하다　　　　집에 없다

(1) _____.
(2) _____.
(3) _____.
(4) _____.
(5) _____.
(6) _____.

6. 用"그래도"造句。

(1) 오늘은 날씨가 아주 춥습니다.
　　그래도_____.

(2) 피곤해서 쉬고 싶습니다.
　　그래도_____.

(3) 시험 공부를 많이 했습니다.
　　그래도_____.

(4) 백화점에서 물건을 많이 샀습니다.
　　그래도_____.

(5) 시간이 너무 없습니다.
　　그래도_____.

(6) 건강을 위해서 운동을 많이 합니다.
　　그래도_____.

7. 给朋友写一封道歉信。

8. 请将下列句子译成韩文。

(1) 我不在的时候，不要打电话。

（2）在首尔生活的那段时间，我结交了不少好朋友。

（3）他每天晚上去游泳。

（4）现在每隔1小时就有飞往上海的飞机。

（5）他学习非常努力，每天学习12个小时。

（6）那部电视剧非常有意思，我看了大概6遍。

（7）北京的春天很暖和，不过总刮风。

（8）他的舞跳得非常好，可是歌唱得不怎么样。

（9）我韩国语说得不好。即使那样，也比你说得好。

（10）最近特别忙。尽管如此，也要常给在老家的父母打电话。

五、补充单词

개미（名）蚂蚁	걱정 마세요（常用语）别担心
건강을 지키다（词组）保持健康	농구（名）篮球
매미（名）蝉	벌써（副）已经，早就
생활하다（自）生活	딸기（名）草莓
설거지하다（自）洗碗	센티미터（名）厘米
야근（名）夜班，加班	집(을) 보다（词组）看家
약속을 지키다（词组）遵守诺言，守约	충분히（副）充分地
집안일（名）家务活	

찬물도 위아래가 있다.

这句话的字面意思是：即使是喝凉水也有上下之分。也就是说，尽管是微不足道的小事也要讲究长幼有序的礼节。

第7课 制订计划 계획 세우기

一、课文

(1)

왕　단: 홍단아, 너 이번 주말에 뭘 할 거니?
홍　단: 글쎄, 아직 특별한 계획은 없는데.
왕　단: 그럼 나하고 세민 씨하고 같이 설악산에 안 갈래?
홍　단: 1박2일로?
왕　단: 응, 토요일 밤 10시쯤 출발하면 일요일 새벽 4시쯤 설악산 밑에 도착할 수 있어. 그때부터 산을 넘으면 오후 2시쯤은 내려올 수 있을 거야.
홍　단: 일정이 좀 빡빡한데. 많이 피곤하지 않을까?
왕　단: 오고 가면서 차 안에서 자면 되니까 괜찮아. 세민 씨가 전에 한 번 가 봤는데 아주 좋았다고 하더라. 같이 가자.
홍　단: 그래, 그럼 이번 주말에는 설악산에 가자. 그건 그렇고, 이번 여름 방학에 어떻게 지낼 거니?
왕　단: 도서관에 나와서 공부하려고 해. 지금까지 배운 것을 복습하고, 다음 학기에 배울 것을 예습할 생각이야.
홍　단: 나는 한국어 회화 실력이 늘지 않아서 걱정이야. 좋은 방법이 없을까?
왕　단: 방학 동안 한국어 회화 모임을 만들어서 같이 공부하지 않을래? 안 그래도 계획이 있었는데.
홍　단: 좋은 생각이야. 다른 친구들한테도 얘기해서 같이 하면 좋겠다.
왕　단: 우리가 모여서 공부하면 아마 지영 씨가 좀 도와 줄 거야.

(2)

보고 싶은 빈에게

　그동안 잘 지냈니? 다른 친구들도 잘 지내지? 나도 건강하게 잘 지내고 있어.

　요즘 한국에는 바람이 많이 불어서 날씨가 별로 좋은 편은 아니야. 그렇지만 진달래와 개나리꽃이 많이 피어서 풍경이 정말 아름다워. 우리 북경대학에도 꽃들이 많이 피어 있겠지? 빨리 방학이 되어서 중국에 갔으면 좋겠어. 이제 한 달 반만 있으면 방학이네. 나는 요즘 그날을 손꼽아 기다리고 있어.

　그렇지만 그때까지 해야 할 일도 많아서 내심 걱정도 돼. 대학원 입학 문제도 알아봐야 하고, 비자도 연장해야 돼. 그래서 정신없이 바쁠 것 같아. 아마 편지도 자주 못할 것 같아. 그렇지만 너는 자주 편지해야 돼.

　오늘은 이만 줄일게. 건강하게 잘 지내.

2016년 3월 28일
왕단 씀

二、单词

계획 세우기（名）制订计划	내려오다（自）下来
넘다（他）越过，过	도착하다（自）到达
복습하다（他）复习	비자（名）签证
빡빡하다（形）干巴，紧巴，生硬	새벽（名）凌晨
동아리（名）课外活动小组	연장하다（他）延长
예습하다（他）预习	이제（名）现在
1박2일（名）两天一夜	일정（名）日程，行程
정신없이（副）精神恍惚地，无精打采地，糊里糊涂地	
출발하다（自）出发	특별하다（形）特别

【发音】

> **紧音现象:** 내려올 수 → [내려올쑤]　　할 거니 → [할꺼니]
> 　　　　　　볼게 → [볼께]

三、基本语法

1. 不定阶词尾 -아/어/여，-았/었/였어，-(으)ㄹ까，-(으)ㄹ래，-지

在韩国语中，对比自己年纪轻的人，或者关系比较密切的人可以使用不定阶，不定阶主要靠句子的终结词尾来表示。不定阶句子中还使用一些与尊称不同的词语。但在正式场合和隆重场合，对年轻或亲近的人也应该用正式的尊敬阶。

例如：

-아/어/여요→-아/어/여

-았/었/였어요→-았/었/였어

-(으)ㄹ까요？→-(으)ㄹ까？

-(으)ㄹ래요(?)→-(으)ㄹ래(?)

-(으)ㄹ게요→-(으)ㄹ게

-지요？→-지？

又如：

(1) ㄱ：뭘 해？ 在做什么呢？
　　ㄴ：편지를 써． 写信呢。

(2) ㄱ：아버지, 무엇을 하세요？ 爸爸，在做什么呢？
　　ㄴ：신문을 봐． 在看报。

(3) ㄱ：어제 무엇을 했어？ 昨天做什么了？
　　ㄴ：친구를 만났어． 见朋友了。

(4) ㄱ：어제가 무슨 날이었어？ 昨天什么日子？
　　ㄴ：아버지날이었어． 父亲节。

(5) ㄱ：이번 방학 때 어디에 놀러 갈까？ 这次放假去哪儿玩？
　　ㄴ：제주도에 가는 게 어때？ 去济州岛怎么样？

(6) ㄱ：세민 씨가 지금 집에 있을까？ 世民现在会在家吗？
　　ㄴ：모르겠는데． 不知道。

(7) ㄱ：오렌지 주스를 마실래？ 想喝橙汁吗？
　　ㄴ：아니, 난 커피를 마실래． 不，我想喝咖啡。

(8) ㄱ：수미 씨 예쁘지？ 秀美漂亮吧？
　　ㄴ：글쎄． 嗯……

(9) ㄱ: 오늘 저녁을 누가 할래?　今天谁做晚饭?

　　ㄴ: 내가 할게.　我来做。

(10) ㄱ: 그동안 바빴지?　最近很忙吧?

　　ㄴ: 응, 조금 바빴어.　嗯, 有点忙。

2. -니?

终结词尾，用于疑问句。在"不定阶"中使用的疑问词尾有"-아/어"和"-니"，但"-니"和"-아/어"相比，更接近口语，更有亲近感。"-아/어"可以向关系比较亲近的上级使用，但"-니"绝不能用于长辈，即使在与长辈的关系非常密切的情况下也不行。

例如:

(1) ㄱ: 소설책을 자주 읽니?　经常读小说吗?

　　ㄴ: 아니, 가끔 읽어.　不，偶尔读。

(2) ㄱ: 요즘 바쁘니?　最近忙吗?

　　ㄴ: 아니, 별로 안 바빠.　不，不怎么忙。

(3) ㄱ: 빨간 치마 입고 있는 사람이 종호 씨의 애인이니?

　　　穿红色裙子的人是宗浩的恋人吗?

　　ㄴ: 아니야, 그 옆에 있는 사람이야.　不是，是她旁边的那个人。

(4) ㄱ: 왕단 씨는 여행 갔니?　王丹去旅行了吗?

　　ㄴ: 응, 며칠 전에 설악산으로 여행 갔어.

　　　是的，几天前去雪岳山旅行了。

(5) ㄱ: 언니, 오늘 무엇을 했어?　姐，你今天做什么了?

　　ㄴ: 시내에 나가서 친구를 만났어, 그런데 너는 뭘 했니?

　　　我去市里见朋友，你做什么了?

(6) ㄱ: 어젯밤 늦게까지 친구들과 재미있게 놀았어.

　　　昨天和朋友们很开心地玩到深夜。

　　ㄴ: 어제가 무슨 날이었니?　昨天是什么日子?

3. -이야

"-이야"用于名词后的现在时终结词尾，是"-이에요"的不定阶表达方式。在开音节后，"-이-"经常省略。

例如:

(1) ㄱ: 아버지, 저기가 어디예요?　爸爸，那里是什么地方?

ㄴ: 저기는 서울 시청이야.　那里是首尔市政府办公楼。
(2) ㄱ: 지금 몇 시야?　现在几点了?
ㄴ: 아홉 시 반이야.　9点半。
(3) ㄱ: 오늘이 무슨 요일이야?　今天星期几?
ㄴ: 수요일이야.　星期三。
(4) ㄱ: 다음 일요일에 무엇을 할 거야?　下个星期天你做什么?
ㄴ: 집에서 쉴 거야.　在家休息。
(5) ㄱ: 오늘 선생님께서도 오실까?　今天老师也来吗?
ㄴ: 아마 오실 거야.　可能来吧。

4. -아/어/여(라)

这是命令式词尾"-(으)세요"的不定阶表现方式。即使是对关系很亲近的长辈也不能用"-아/어/여라"只能用"-아/어/여"。对朋友或下级也常常使用"-아/어/여"。在表示禁止时用"-지 마"。

例如:
(1) ㄱ: 기다리지 말고 먼저 가.　别等了，先走吧。
ㄴ: 괜찮아. 기다릴게.　没关系，我等着。
(2) ㄱ: 내일 나 좀 도와줘.　明天帮我一个忙。
ㄴ: 무슨 일인데요?　什么事?
(3) ㄱ: 나 커피 한 잔만 타 줘.　给我冲一杯咖啡。
ㄴ: 알았어. 그런데 설탕하고 크림을 얼마나 넣어?
知道了，可是放多少糖和奶油?
(4) ㄱ: 이것 좀 먹어 봐.　尝尝这个。
ㄴ: 네가 만든 거니?　是你做的吗?
(5) ㄱ: 내일 늦지 마.　明天别迟到。
ㄴ: 알았어, 일찍 올게.　知道了，我早点来。
(6) ㄱ: 도착하는 날 공항에 마중하러 갈게.　你到的那天，我去机场接你。
ㄴ: 나오지 마. 혼자 갈 수 있어.　别来了，我自己能去。

5. -자

"-자"是共动句的终结词尾"-(으)ㅂ시다""-아/어/여요"的不定阶表现方式。近来"-자"用得比较多。

例如：
(1) ㄱ: 이 음악은 너무 시끄러워서 귀가 아파. 좀 조용한 음악을 듣자.
　　　这音乐太吵，震得耳朵疼，听点安静的音乐吧。
　　ㄴ: 나는 이런 음악이 좋은데.　我倒喜欢这种音乐。
(2) ㄱ: 다음 토요일에 문수 씨가 이사할 거야. 가서 도와주자.
　　　下周六文洙要搬家，咱们去帮帮他吧。
　　ㄴ: 나는 약속이 있어서 안 돼.　我有个约会，不能去。
(3) ㄱ: 저녁에는 뭘 먹을까?　晚上吃什么呢?
　　ㄴ: 간단하게 라면을 끓여서 먹자.　简单地煮点方便面吃吧。
(4) ㄱ: 오늘 퇴근 후에 만나서 술 한잔 하자.　今天下班后，一起喝杯酒吧。
　　ㄴ: 오늘은 술 마시지 말고 집에 일찍 가자.　今天别喝酒了，早点回家吧。
(5) ㄱ: 체육대회 때 축구하고 농구를 하는 게 어때?
　　　运动会的时候，组织足球赛和篮球赛怎么样?
　　ㄴ: 사람이 적으니까 축구는 하지 말자.　人太少，足球就免了吧。
(6) ㄱ: 새벽 다섯 시 기차를 타고 가자.　坐早晨5点的火车去吧。
　　ㄴ: 새벽에 떠나지 말자. 난 아침에 일찍 못 일어나.
　　　别早晨走了，我早上起不来。

6. -아/야

在尊称中，一般使用"-씨, -선생님, -과장님"来称呼别人。"-씨"也用于不定阶中。在不定阶句子中，人名后多不用"-씨"，而加"-아/야"。

ㄱ) 开音节后，用"-야"。
ㄴ) 闭音节后，用"-아"。

(1) ㄱ: 세민아, 어제 어디 갔다왔니?　世民，昨天去哪儿了?
　　ㄴ: 온종일 집에 있었어.　整天都待在家里。
(2) ㄱ: 현수야, 너 오늘 오후에 약속이 있니?
　　　贤洙，你今天下午有约会吗?
　　ㄴ: 없는데, 왜?　没有，怎么了?
(3) ㄱ: 정연아, 오후에 나하고 영화를 보러 가자.
　　　贞延，下午和我一起去看电影吧。
　　ㄴ: 나는 오늘 좀 바빠서 안 돼.　我今天很忙，不行。

(4) ㄱ: 수미야, 저녁 때 손님이 올 거니까 오늘 일찍 들어와.
   秀美，晚上有客人来，今天早点回家。
   ㄴ: 알았어요. 그런데 손님들이 몇 시에 오실 거예요?
   知道了，客人几点来?
(5) ㄱ: 세민아. 한국 음식 중에서 뭘 제일 좋아해?
   世民，韩餐中你最喜欢哪一样?
   ㄴ: 불고기를 좋아해. 너는 무슨 음식을 좋아해?
   喜欢烤肉，你喜欢哪种饭菜呢?
(6) ㄱ: 세민아, 이 옷 얼마 주고 샀어?　世民，这衣服花多少钱买的?
   ㄴ: 2만 5천 원 주고 샀어.　花了2万5千韩元。

7. -는데

我们学过"-는데"表示转折的用法。它在本课中则表示承上启下关系，把前句作为后句的背景来说明。

ㄱ) 动词后面，用"-는데"。
ㄴ) 形容词后面，用"-ㄴ/은데"。
ㄷ) "았/었/였"和"겠"的后面，用"-는데"。

例如：

(1) 지금 밖에 비가 오고 있는데, 우산이 있어?　外面下雨了，有雨伞吗?
(2) 지금 가면 너무 늦은데 어떻게 할까?　现在去太晚了，怎么办?
(3) 오늘은 바빠서 못 가겠는데 내일 가자.　今天忙得去不了，明天去吧。
(4) ㄱ: 10원짜리 동전 하나만 빌려 줘.　借我一枚10韩元硬币。
   ㄴ: 10원짜리는 없는데 50원짜리를 줄까?
   10韩元的没有，给你50韩元的好吗?
(5) ㄱ: 불고기 맛이 어때?　烤肉的味道怎么样?
   ㄴ: 한국에 갔을 때 먹어 봤는데 아주 맛있었어.
   之前去韩国的时候吃过，味道很好。
(6) ㄱ: 눈이 많이 오는데 어떻게 야구를 하니?
   雪下得这么大，怎么打棒球?
   ㄴ: 그래도 하자.　即使这样，咱们也打吧。

四、练习

1. 将下列句子改为不定阶。

(1) ㄱ: 내일 몇 시에 만날까요?
　　ㄴ: 오후 3시에 만나요.

(2) ㄱ: 뭘 드실래요?
　　ㄴ: 전 비빔밥을 먹을래요.

(3) ㄱ: 기분이 안 좋으세요?
　　ㄴ: 아니에요, 좋아요.

(4) ㄱ: 어제 어디에 갔다 오셨어요?
　　ㄴ: 민속촌에 갔다 왔어요.

(5) ㄱ: 요즘 바쁘시지요?
　　ㄴ: 네, 좀 바빠요.

(6) ㄱ: 차 한 잔 드릴까요?
　　ㄴ: 고맙습니다.

(7) ㄱ: 수미 씨, 내일이 무슨 날이에요?
　　ㄴ: 어린이날이에요.

(8) ㄱ: 문수 씨도 같이 여행 가실 것이지요?
　　ㄴ: 저는 일이 있어서 못 갑니다.

(9) ㄱ: 세민 씨, 퇴근합시다.
　　ㄴ: 먼저 가십시오. 저는 이 일을 다 끝내고 나가겠습니다.

(10) ㄱ: 수미 씨, 오늘 정말 예쁩니다. 저는 수미 씨처럼 예쁜 사람을 본 적이 없습니다.
　　　ㄴ: 놀리지 마세요.

(11) ㄱ: 고향이 어디예요?
　　　ㄴ: 제 고향은 천진이에요.

(12) ㄱ: 차 안에서 담배를 피우면 안 됩니까?
　　　ㄴ: 네, 그러면 벌금을 내야 합니다.

(13) ㄱ: 내일 서울극장에 영화를 보러 갈 거예요.
　　　ㄴ: 그 영화 보지 마세요. 정말 지루해요.

(14) ㄱ: 천천히 오세요. 저희가 먼저 가서 기다릴게요.
　　 ㄴ: 알겠어요. 1시간 안에 갈게요.

(15) ㄱ: 세민 씨, 볼링 치러 갑시다.
　　 ㄴ: 저는 볼링을 못 치는데요.

(16) ㄱ: 최 선생님께서는 어디에 가셨어요?
　　 ㄴ: 잠깐 나가셨어요. 곧 다시 오실 거예요.

(17) ㄱ: 세민 씨의 할아버지께서는 전에 무슨 일을 하셨어요?
　　 ㄴ: 저희 할아버지께서는 공무원이셨어요.

(18) ㄱ: 점심을 먹으러 밖에 나가기 싫지요? 우리 오늘 점심은 시켜서 먹읍시다.
　　 ㄴ: 좋아요. 뭘 시킬까요?

(19) ㄱ: 홍단 씨, 김지영 씨의 전화번호 좀 가르쳐 주세요.
　　 ㄴ: 수첩을 안 가지고 와서 모르겠는데요.

(20) ㄱ: 왕단 씨, 피곤하면 집에 가서 쉬세요.
　　 ㄴ: 괜찮아요.

2. 就以下话题，用不定阶进行对话。

　(1) 가족　　　　　　　　(2) 취미
　(3) 제일 친한 친구　　　 (4) 실수한 일

3. 会话练习，三个人为一组用不定阶制订下面的计划。

　(1) 방학 중 친구들이 여행을 하려고 합니다. 여행 갈 장소, 교통편, 잠잘곳, 가지고 갈 것 등의 계획을 세워 보십시오.
　(2) 겨울 방학 중 친구들과 함께 보람있는 일을 하고 싶습니다. 어떤 일을 어떤 방법으로 할지 구체적인 계획을 세워 보십시오.
　(3) 내일은 여러분이 무척 좋아하는 친구의 생일입니다. 여러분은 그 친구 몰래 파티를 준비해서 친구를 깜짝 놀라게 하고 싶습니다. 계획을 세워 보십시오.

4. 写作练习。用不定阶给朋友写封信。

5. 将下列句子译成韩文。（请使用不定阶）

（1）明天有时间吗？一起去看电影吧。

（2）天儿太冷了，你多穿点儿啊。

（3）贤洙，你做完作业了吗？

（4）快走吧，要迟到了。

　　—没关系，还有10分钟呢。

（5）这是谁的狗？

　　—是我的。

（6）别去了，今天太忙了。

（7）我妈妈做菜非常好吃，有时间来尝尝吧。

（8）早上上班时间乘坐地铁的人太多了。

（9）今天是星期日，你也要去上班吗？

（10）我今年9月份就要去韩国留学了，你有什么话要对我说吗？

五、补充单词

가끔（副）偶尔	-게 하다（惯用型）使……
교통편（名）交通手段	그립다（形）想念
깜짝 놀랐다（词组）吓了一跳	꽃이 피다（词组）开花
놀리다（他）捉弄，戏弄	떠나다（自，他）离开
마중하다（他）迎接	밥을 하다（词组）做饭
배구（名）排球	벌금（名）罚款
보람있다（词组）有意义，值得	볼링을 치다（词组）打保龄球
손꼽아 기다리다（词组）焦急等待	
수첩（名）手册	시끄럽다（形）讨厌，嘈杂
실수（名）过失，失误	알아보다（他）了解，打听
애인（名）恋人	어린이날（名）儿童节
오렌지 주스（名）橙汁	커피를 타다（词组）冲咖啡
체육대회（名）运动会	침을 뱉다（词组）吐痰
가재（名）蝲蛄	게（名）蟹

俗语

가재는 게 편이다.

这句话的字面意思是：蝲蛄是螃蟹那伙儿的。类似于汉语的"鱼找鱼，虾找虾"；"物以类聚，人以群分"。

第 8 课 周口店 주구점

一、课文

(1)

이세민: 중국에 사람이 산 지 얼마나 됐습니까?

진문수: 북경에는 약 50만 년 전부터 사람이 살았습니다.

이세민: 굉장히 오래되었군요. 그런데 그 시대에 살던 사람들의 유적지가 아직 남아 있습니까?

진문수: 그럼요. 북경 근처에 주구점이라는 북경원인 유적지가 남아 있습니다.

이세민: 문수 씨는 주구점에 가 보셨습니까?

진문수: 저도 이야기는 많이 들었지만 아직 못 가 봤습니다.

이세민: 그럼 같이 가 봅시다.

(주구점에서)

진문수: 동굴이 굉장히 크지요?

이세민: 네, 정말 크네요. 그런데 이곳이 어떻게 발견되었습니까?

진문수: 20세기 초에 노동자들이 이곳에서 석회암을 채취하다가 우연히 발견했다고 합니다.

이세민: 동굴 안에서 무엇이 발견되었습니까?

진문수: 북경원인의 두개골과 치아, 동물 화석, 석기 등이 발견되었습니다.

이세민: 발굴하는 데에 힘이 많이 들었겠습니다.

진문수: 네, 시간도 많이 걸리고 비용도 많이 들었다고 들었습니다.

(2)

　　북경 방산현 중부에는 거대한 자연동굴이 있는데, 이곳이 바로 북경원인 유적지입니다. 일명 북경원인지가라고도 불립니다.

　　이 유적은 20세기 초 노동자들이 석회암을 채취하다가 우연히 발견하였습니다. 그 후 장기간의 발굴과 연구를 통해 약 50만 년 전에 이곳에 산 북경원인의 두개골과 치아, 동물 화석, 석기 등을 발굴하였습니다. 이것들은 인류사 연구의 귀중한 자료로 이용되고 있습니다.

　　주구점에 가는 방법은 천교에서 승리교행 버스를 타도 되지만 관광버스를 타는 것이 가장 빠릅니다.

二、单词

거대하다（形）巨大的	-군요（词尾）表示感叹
귀중하다（形）贵重，珍贵	노동자（名）劳动者，工人
동굴（名）洞穴	두개골（名）头盖骨
-(이)라고도 불리다（惯用型）也叫作……	
발굴하다（他）发掘	북경원인（名）北京猿人
북경원인지가（名）北京猿人之家	비용（名）费用
석기（名）石器	석회암（名）石灰岩
세기（名）世纪	발견되다（自）发现
우연히（副）偶然地	유적지（名）遗址
-이라는（词尾）被称为……的	이용되다（自）利用
인류사（名）人类历史	자료（名）资料
주구점（名）周口店	-지만（词尾）表示转折的连结词尾
천교（名）天桥	채취하다（他）采摘，开采
초（名）初	치아（名）牙齿
화석（名）化石	

【发音】

50만 → [오심만]　　　　　　　석회암 → [서쾨암]

三、基本语法

1. -아/어 있다

用于自动词之后，表示动作结束后的持续状态。后面常常接：가다, 오다, 서다, 눕다, 앉다, 열리다, 닫히다, 들다, 놓이다, 쓰이다, 살다, 걸리다, 붙다等。

例如：

(1) 오늘은 아버지의 생신입니다. 그래서 많은 친척들이 우리 집에 와 있습니다.
今天是父亲的生日，因此许多亲戚都来到我家。

(2) 우리는 앉아 있지만 선생님께서는 서 계십니다.
我们都坐着，老师却站着。

(3) 친구 집에 갔는데 문이 열려 있었습니다. 我到朋友家去，看到门开着。

(4) 주머니 안에 손수건과 열쇠가 들어 있었습니다.
口袋里装着手绢和钥匙。

(5) 제 책상 위에는 가족 사진이 놓여 있습니다. 我的桌上放着家人的照片。

(6) 칠판에 새 단어가 쓰여 있습니다. 黑板上写着新单词。

2. -다(가)

用于动词词干后，(1)表示动作尚未完成便转入其他动作，(2)表示在前一行为中没有出现的动作突然出现，前后主语必须一致。

例如：

(1) ㄱ: 어젯밤 자정에 시작한 드라마를 보셨습니까?
昨晚午夜开始的电视剧，您看了吗?
ㄴ: 끝까지 못 보았습니다. 한 20분 정도 보다가 잤습니다.
没看完，看了20分钟就睡着了。

(2) ㄱ: 왕단 씨를 만나서 무엇을 했습니까? 见到王丹都做了些什么?
ㄴ: 차를 마시고 이야기를 하다가 헤어졌습니다.
喝了茶，聊天后便分手了。

(3) ㄱ: 양파하고 당근을 같이 넣어서 볶아야 합니까?
洋葱和胡萝卜得放在一起炒吗?
ㄴ: 먼저 당근을 볶다가 약간 익으면 양파를 넣으십시오.
先炒胡萝卜，炒到微熟，再放入洋葱。

(4) ㄱ: 한국에서는 밥을 먹다가 화장실에 가는 것이 실례입니까?
　　　　在韩国，吃饭中间去洗手间是失礼吗？
　　ㄴ: 네, 실례입니다. 是的，是失礼。
(5) ㄱ: 오늘 수미 씨를 봤습니까? 今天见到秀美了吗？
　　ㄴ: 네, 아까 학교에 오다가 봤습니다. 是的，来学校的时候见到了。
(6) ㄱ: 무엇을 하다가 손가락을 다쳤습니까? 怎么弄伤手指的？
　　ㄴ: 농구를 하다가 삐었습니다. 打篮球的时候扭伤的。

3. -지만

连接词尾，连接两个对立句子。如果前句是过去时制，要用"-았/었/였지만"的形式。

例如：

(1) ㄱ: 동물을 좋아합니까? 喜欢动物吗？
　　ㄴ: 개는 좋아하지만 고양이는 싫어합니다. 我喜欢狗，但不喜欢猫。
(2) ㄱ: 이번 주말에 시간이 있습니까? 本周末有时间吗？
　　ㄴ: 일요일에는 시간이 있지만 토요일에는 좀 바쁩니다.
　　　　星期日有时间，但星期六有点忙。
(3) ㄱ: 왕단 씨와 홍단 씨가 내일 모임에 올 겁니까?
　　　　王丹和洪丹明天参加聚会吗？
　　ㄴ: 왕단 씨는 올 것이지만 홍단 씨는 못 올 겁니다.
　　　　王丹能来，但洪丹可能来不了。
(4) ㄱ: 내일 온종일 비가 올까요? 明天一整天都下雨吗？
　　ㄴ: 오전에는 오겠지만 오후에는 갤 겁니다.
　　　　上午可能下，下午估计会晴。
(5) ㄱ: 시험이 다 끝났습니까? 考试结束了吗？
　　ㄴ: 시험은 다 끝났지만 보고서를 쓰는 것이 남았습니다.
　　　　考试结束了，但报告还没写完。
(6) ㄱ: 이 선생님을 만나셨습니까? 见到李老师了吗？
　　ㄴ: 선생님을 찾아 갔지만 못 만났습니다.
　　　　我去找老师了，但是没有见到。

4. -군요, -구나

用于动词、形容词词干后，是表示感叹的终结词尾。在尊敬阶中用"-군요"，在不定阶中用"-구나"。一般用于听了对方的话语之后，表示肯定。

ㄱ) 动词词干后面用"-는군요, -는구나"。
ㄴ) 形容词词干后面用"-군요, 구나"。

例如:
(1) ㄱ: 이 산 경치가 참 멋있네요. 这座山的景色真是太美了.
    ㄴ: 그렇군요. 确实很美.
(2) ㄱ: 저 다음 달에 결혼해요. 我下个月要结婚了.
    ㄴ: 그래서 요즘 이렇게 바쁘군요. 怪不得你最近这么忙啊.
(3) ㄱ: 우리 남편은 하루도 술을 안 마시는 날이 없어요.
       我丈夫没有一天不喝酒.
    ㄴ: 술을 아주 좋아하시는군요. 他真喜欢喝酒啊.
(4) ㄱ: 용호 씨가 여기 안 오셨습니까? 龙浩没来这儿吗?
    ㄴ: 여기 안 오셨는데요. 아직 못 만나셨군요.
       没到这儿来，看来你还没见到他.
(5) ㄱ: 진문수 씨의 한국어 실력이 많이 늘었어요.
       陈文洙的韩国语水平大有长进.
    ㄴ: 요즘 공부를 아주 열심히 하시는군요. 看来他最近很用功啊.
(6) ㄱ: 남자들이 동생한테 자꾸 전화를 해서 걱정입니다.
       男人们经常给我妹妹打电话，真叫人担心.
    ㄴ: 동생이 아주 예쁘군요. 看来你妹妹长得很漂亮.

5. 곳, 데, 군데

"곳, 데, 군데"都表示场所和位置，但用法略有不同。"곳"用于冠形词、代词和数词之后，做量词用；"데"是依存名词，用于形容词后，比"곳"更具有非正式的含义，常用于会话中。"군데"是量词，在计算场所、部位的数量时使用。

例如:
(1) ㄱ: 저곳은 어디입니까? 那是什么地方?
    ㄴ: 서울 시청입니다. 是首尔市政府.
(2) ㄱ: 어느 식당에 갈까요? 去哪个餐馆?
    ㄴ: 음식을 맛있게 하는 곳이 있으면 추천해 주십시오.
       请推荐一下饭菜做得好吃的餐馆.
(3) ㄱ: 드릴 말씀이 있는데요. 我有话跟您说.
    ㄴ: 그래요? 그럼 조용한 데에 가서 이야기합시다.
       是吗? 那到一个安静的地方说吧.

(4) ㄱ: 근처에 비디오 테이프를 빌려 주는 데가 있습니까?
　　　　附近有没有出租录像带的地方?
　　ㄴ: 네, 저쪽 사거리 근처에 있습니다.　有, 那边十字路口附近就有。
(5) ㄱ: 어디가 아프십니까?　哪儿疼?
　　ㄴ: 어깨, 팔, 허리, 여러 군데가 아픕니다.
　　　　肩、臂、腰, 好多部位都疼。
(6) ㄱ: 서울 구경을 많이 했습니까?　首尔都参观过了吗?
　　ㄴ: 바빠서 몇 군데 못 가봤습니다.　因为很忙, 只看了几处。

四、练习

1. 用 "-아/어 있다" 和 "-고 있다" 及合适的词语, 完成下面的句子。

　(1) 제가 어제 왕단 씨 집에 갔을 때 왕단 씨는＿＿＿＿＿＿＿＿＿＿
　　　＿＿＿＿＿＿＿＿＿＿＿＿＿＿＿＿＿＿＿＿＿＿＿＿＿＿＿＿＿

　(2) 이것이 문수 씨가 찾던 우산이지요? 저쪽 구석에＿＿＿＿＿＿＿＿
　　　＿＿＿＿＿＿＿＿＿＿＿＿＿＿＿＿＿＿＿＿＿＿＿＿＿＿＿＿＿

　(3) 어제 저녁 7시쯤 백화점에 갔는데, 아직 문이＿＿＿＿＿＿＿＿＿
　　　＿＿＿＿＿＿＿＿＿＿＿＿＿＿＿＿＿＿＿＿＿＿＿＿＿＿＿＿＿

　(4) 제 가방 안에는 한국어 책과 한중사전이＿＿＿＿＿＿＿＿＿＿＿
　　　＿＿＿＿＿＿＿＿＿＿＿＿＿＿＿＿＿＿＿＿＿＿＿＿＿＿＿＿＿

　(5) 저쪽에 파란 양복을＿＿＿＿＿＿＿＿＿＿＿분이 우리 사장님이십니다.
　(6) 일어나지 말고＿＿＿＿＿＿＿＿＿＿＿＿＿＿＿＿＿＿＿＿＿＿＿

2. 用 "-다(가)" 及合适的词语完成下面句子。

　(1) 대사관에 가다가＿＿＿＿＿＿＿＿＿＿＿＿＿＿＿＿＿＿＿＿＿＿
　(2) 노래를 듣다가＿＿＿＿＿＿＿＿＿＿＿＿＿＿＿＿＿＿＿＿＿＿＿
　(3) 수영을 배우러 다니다가＿＿＿＿＿＿＿＿＿＿＿＿＿＿＿＿＿＿
　(4) ＿＿＿＿＿＿＿＿＿＿＿＿＿오늘이 친구 생일이라는 것을 알았습니다.
　(5) ＿＿＿＿＿＿＿＿＿＿＿＿＿＿＿＿＿＿접시를 깨뜨렸습니다.
　(6) ＿＿＿＿＿＿＿＿＿＿＿＿＿＿＿＿눈이 많이 와서 돌아왔습니다.

3. 用"-지만"或"-고"连接两个句子。

   (1) 아내는 동물을 무척 좋아합니다. 나는 별로 안 좋아합니다.
   _____.

   (2) 밖에 바람이 많이 붑니다. 소나기가 옵니다.
   _____.

   (3) 집에서 일찍 출발했습니다. 학교에 지각했습니다.
   _____.

   (4) 용우 씨는 키가 작습니다. 농구를 잘합니다.
   _____.

   (5) 우리는 음악을 들었습니다. 음악에 대해 이야기를 했습니다.
   _____.

   (6) 어제 푹 쉬었습니다. 아직도 피곤합니다.
   _____.

4. 仿照例子，对以下的语句进行判断，并完成对话。

   例如： ㄱ: 저는 고혈압 증세가 있습니다.
          ㄴ: 그래서 짠 음식을 드시지 않는군요.

   (1) ㄱ: 저는 매일 아침 운동을 합니다.
       ㄴ: _____.

   (2) ㄱ: 이세민 씨는 집이 아주 멉니다.
       ㄴ: _____.

   (3) ㄱ: 저는 한국 회사에 취직하고 싶습니다.
       ㄴ: _____.

   (4) ㄱ: 오늘 중고등학교가 개학을 했습니다.
       ㄴ: _____.

   (5) ㄱ: 내일 영국 수상이 중국을 방문할 겁니다.
       ㄴ: _____.

   (6) ㄱ: 오전에 시청 근처의 시장에서 큰 불이 났습니다.
       ㄴ: _____.

5. 选择"데, 군데, 곳"填空。

   (1) 내일은_____에 따라 비가 오겠습니다.

(2) 문수 씨 학교 근처에 칼국수를 맛있게 하는＿＿＿＿＿＿가 있어요?

(3) 하숙집을 구하러 복덕방을 열두＿＿＿＿＿＿나 다녔습니다.

(4) 남산, 경복궁, 창덕궁 중에서 몇＿＿＿＿＿＿나 가 보셨습니까?

(5) 북경에서 물건을 가장 싸게 파는＿＿＿＿＿＿이 어디입니까?

(6) 분위기가 좋은＿＿＿＿＿＿에 가서 커피를 한 잔 마시고 싶어요.

6. 会话练习。用下面提供的单词，描述一下教室的情景。

오다, 앉다, 서다, 열리다, 닫히다, 놓이다, 쓰이다, 쓰다, 읽다, 보다, 말하다

7. 写作练习。用韩国语简述中国的一段历史。

8. 请将下列句子译成韩文。

（1）弟弟站着，妹妹坐着。

（2）王丹病得很重，从昨天到现在一直躺在床上。

（3）我上街，走到半路又回来了。

（4）我在去学校的路上见到了洪丹。

（5）虽然下雨了，我还是要去爬山。

（6）我喜欢听音乐，可是世民不喜欢听。

（7）您的韩国语说得真好啊！

（8）今天的天气真够冷的啊！

（9）这不是抽烟的地方。

（10）今天晚上，首尔、釜山、庆州等几个地方会下雨。

五、补充单词

개다(自)转晴	개학하다(自)开学
걸리다(自)挂	고혈압(名)高血压
구석(名)角落	군데(名)群,处
놓이다(自)放	눕다(自)躺
닫히다(自)关	들다(自)装
방문하다(他)访问	보고서(名)报告
붙다(自)贴,挨	비디오 테이프(名)录像带
삐다(他)扭伤	소나기(名)雷阵雨
수상(名)首相	쓰이다(自)用
약간(副)一些,一点	-에 따라(惯用型)根据,按照
열리다(自)开	열쇠(名)钥匙
익다(自)熟	자정(名)午夜
장기간(名)长期	창덕궁(名)昌德宫
추천하다(他)推荐	친척(名)亲戚
온종일(名)一整天	한중사전(名)韩汉词典

俗语

모난 돌이 정 맞는다.

这句话的字面意思是:有棱角的石头挨凿打。类似于汉语的"枪打出头鸟""出头的椽子先烂",告诫我们为人要低调。

第 9 课 人物介绍 인물 소개

一、课文

(1)

지 영: 왕단 씨, 한국어 공부가 어렵지 않아요?

왕 단: 처음에는 중국어하고 달라서 좀 어려웠지만 이제는 재미있어요. 한글이 소리 글자이기 때문에 외국인도 배우기가 쉬운 것 같아요.

지 영: 맞아요. 그래서 많은 사람들이 한글을 독창적이고 과학적인 문자라고 말해요. 그런데 왕단 씨. 혹시 누가 한글을 만들었는지 아세요?

왕 단: 글쎄요, 잘 모르겠네요. 누가 만들었어요?

지 영: 세종대왕께서 만드셨어요. 세종대왕은 조선시대의 훌륭한 임금님이셨어요.

(2)

　세종은 1397년에 태종의 셋째 아들로 태어났다. 세종은 1418년에 조선조의 제4대 왕이 된 후부터 1450년까지 위대한 업적들을 많이 남겼다. 정치와 경제를 안정시키고 외적을 물리쳐서 나라를 튼튼히 지켰다. 또 세종은 장영실과 같은 훌륭한 인재들과 함께 해시계, 물시계, 측우기 같은 것을 만들어서 과학 기술을 크게 발전시켰다. 이외에도 세종의 많은 업적들이 있지만, 그 중에서도 가장 위대한 것은 한글을 만든 것이다. 조선에는 그때까지 아직 독자적인 문자가 없었기 때문에 중국의 한자를 사용했다. 그런데 한자는 너무 어려워서 일반 백성들은 글자를 배우기가 쉽지 않았다. 세종은 백성들을 깊이 사랑했기 때문에 읽고 쓰지 못하는 백성들을 불쌍하게 여겼다.

그래서 배우기 쉽고 쓰기 쉬운 한글을 만들었다. 한글의 원래 이름은 '훈민정음'이었다. 그 뜻은 '백성을 가르치는 바른 소리'이다. 세종은 한국 역사상 가장 훌륭한 임금이었다.

二、单词

-(으)로 태어나다（惯用型）作为……出生
경제（名）经济
과학적（名）科学的
독창적（名）独创性的
독자적이다（形）独自的，独立的
문자（名）文字
물리치다（他）打退
물시계（名）水漏，漏壶
발전시키다（他）使……发展
백성（名）百姓
세종대왕（名）世宗大王
소리 글자（名）标音文字
안정시키다（他）使……安定，稳定
여기다（他）认为，看做
한글（名）韩国文字，韩文
역사상（名）历史上
외적（名）外敌
인재（名）人才
임금님（名）皇帝
자랑스럽다（形）值得自豪的，引以为豪的
정치（名）政治
조선조（名）朝鲜王朝
지키다（他）守，遵守
측우기（名）测雨器
튼튼히（副）结实地，坚实地
학문 연구（名）学术研究
해시계（名）日晷
훈민정음（名）训民正音

【发音】

글자 → [글짜]　　　문자 → [문짜]
발전 → [발쩐]

三、基本语法

1. 韩国语的基本阶

基本阶主要用于非对话形式的书籍、报纸、日记等书面语中，在日常会话中也使用，但主要表示感叹、惊奇、自豪等主观感情或通报某种情况。

ㄱ) -ㄴ/는다, -다

现在时句子的基本阶形式是：在动词词干后加"-ㄴ/는다"；在形容词词干后加"-다"；在名词后加"-이다"；在用"-지 않다"格式的否定句中，前面是动词时，用动词的活用形，前面是形容词时，用形容词的活用形。

例如：

오다→오+-ㄴ다→온다（来）

듣다→듣+-는다→듣는다（听）

예쁘다→예쁘+-다→예쁘다（漂亮）

꽃→꽃+-이다→꽃이다（花）

又如：

(1) 나는 일요일마다 교회에 간다. 我每个星期天都去教会。

(2) 처음에는 한국 음식을 잘 못 먹었는데 지금은 잘 먹는다.
　　起初吃不了韩国菜，现在却很爱吃了。

(3) 오늘은 기분이 참 좋다. 今天心情非常好。

(4) ㄱ: 와, 너 오늘 굉장히 예쁘다! 哇，你今天好漂亮啊!
　　ㄴ: 정말? 고마워. 真的吗? 谢谢。

(5) ㄱ: 나 이번 주말에 친구들하고 설악산에 간다.
　　　我这个周末和朋友们一起去雪岳山。
　　ㄴ: 부럽다. 나도 가고 싶다. 好羡慕啊! 我也想去。

(6) ㄱ: 오늘 일요일인데 사람이 많지 않다.
　　　今天虽然是星期天，可人并不多。
　　ㄴ: 정말. 이상하다. 真的，好奇怪呀。

ㄴ) -았/었/였다

过去时制基本阶形式是：在动词、形容词词干后，加"-았/었/였다"，在名词后加"-이었다"。

가다→가+-았다→갔다（去了）

먹다→먹+-었다→먹었다（吃了）

좋다→좋+-았다→좋았다（好）

선생님이다→선생님+-이었다→선생님이었다（是老师）

又如：

(1) 나는 1992년 7월 18일에 태어났다. 我出生于1992年7月18日。

(2) 서울에는 사람들도 차도 정말 많았다. 首尔人和车真多。

(3) 왕룽 씨는 어제 학교에 오지 않았다. 많이 아픈 것 같았다.
王龙昨天没来上学，可能是病得很重。

(4) ㄱ: 눈이 정말 많이 왔다.　雪下得真大。

ㄴ: 와, 신난다.　哇, 真来劲。

(5) ㄱ: 나 남자 친구한테서 생일 선물을 받았다.
我收到了男朋友送来的生日礼物。

ㄴ: 무슨 선물 받았어?　收到什么礼物?

(6) ㄱ: 우리 할아버지는 옛날에 의사셨다.　我爷爷以前是位医生。

ㄴ: 무슨 과 의사셨는데?　是什么科的医生?

ㄷ) -겠다

用在表示"意向""意图"和"推测"时，其基本阶形式是在动词、形容词词干后加"-겠다"。但表示过去时事情的推测时，用"-았/었겠다"。

가다→가+겠다→가겠다（要去）

좋다→좋+겠다→좋겠다（好）

(1) 내년에는 꼭 한국어 공부를 시작하겠다.　明年一定要开始学习韩国语。

(2) 내일은 일이 너무 많아서 피곤하겠다.　明天事很多，恐怕会很累。

(3) 지영이는 북경에 다녀왔다. 참 좋았겠다!　志英去过北京了，多好啊!

(4) ㄱ: 하늘이 갑자기 어두워지네.　天一下子变暗了。

ㄴ: 비가 오겠다. 빨리 집에 돌아가자.　要下雨了，快回家吧。

(5) ㄱ: 늦겠다. 서두르자.　晚了，快点儿吧。

ㄴ: 아직 시간이 좀 있어. 걱정하지 마.　还有点时间, 不必担心。

(6) ㄱ: 지금쯤 서울에 도착했겠다.　现在可能已经到首尔了。

ㄴ: 아마 곧 전화가 올 거야.　估计马上就会来电话了。

2. -지 알다/모르다

用于动词、形容词词干之后，表示"知道……"或"不知道……"。现在时制是：动词后面用"-는지"，形容词后面用"-(으)ㄴ지"，名词后面用"-인지"。过去时制是：与词性无关，一概用"-았/었/였는지"。

例如:

(1) ㄱ: 저 사람이 누구인지 아십니까?　知道那个人是谁吗?

ㄴ: 모르겠습니다.　不知道。

(2) ㄱ: 김포공항에 어떻게 가는지 아십니까?　知道怎么去金浦机场吗?

ㄴ: 네, 잘 압니다. 제가 어떻게 가는지 가르쳐 드리겠습니다.

　　　　　　知道。我告诉你该怎么去。

(3) ㄱ: 윷놀이를 어떻게 하는지 아십니까?　知道怎么做投骰游戏吗？

　　ㄴ: 어떻게 하는지 모르니까 좀 가르쳐 주십시오.

　　　　不知道怎么玩。请教教我吧。

(4) ㄱ: 세민 씨는 지금 어디에 있습니까?　世民现在在哪儿？

　　ㄴ: 저도 세민 씨가 어디에 있는지 모릅니다.

　　　　我也不知道他现在在哪儿。

(5) ㄱ: 아까 누가 전화했는지 아십니까?　知道刚才谁来过电话吗？

　　ㄴ: 모르는데요.　不知道。

(6) ㄱ: 한국 물가가 얼마나 비싼지 아십니까?　知道韩国物价有多贵？

　　ㄴ: 모르겠는데요.　不知道。

3. -같은

用于名词、代词后，表示"像……样的"，修饰其后面的名词。

例如：

(1) ㄱ: 장래에 어떤 사람이 되고 싶어요?　将来你想成为什么样的人？

　　ㄴ: 나는 모택동 같은 정치가가 되고 싶어요.

　　　　我想成为像毛泽东那样的政治家。

(2) ㄱ: 어떤 남자를 좋아해요?　你喜欢什么样的男人？

　　ㄴ: 문수 씨 같은 남자가 좋아요.　我喜欢像文洙那样的男人。

(3) ㄱ: 점심 때 뭘 먹을래요?　午饭吃什么？

　　ㄴ: 국수 같은 것을 먹고 싶어요.　想吃面条一类的。

(4) ㄱ: 어떤 여자와 결혼하고 싶습니까?　想和什么样的女孩子结婚？

　　ㄴ: 수미 씨 같은 여자와 결혼하고 싶습니다.

　　　　想和秀美那样的女孩子结婚。

(5) ㄱ: 이번 휴가 때 어디에 가고 싶어요?　这次休假想去哪儿？

　　ㄴ: 제주도 같은 유명한 곳보다는 조용한 곳에 가고 싶어요.

　　　　比起像济州岛那样有名的地方，我倒更想去安静的地方。

(6) ㄱ: 졸업 후에 무엇을 하고 싶습니까?　毕业后想做什么？

　　ㄴ: 대사관 같은 곳에서 일하고 싶습니다.　想去使馆那样的地方工作。

四、练习

1. 用基本阶改写下面句子。

   (1) 학교는 아침 9시에 시작합니다. _____
   (2) 오늘은 날씨가 좋아서 기분이 좋습니다. _____
   (3) 출근 시간이기 때문에 차가 많습니다. _____
   (4) 오늘은 피곤해서 일찍 퇴근하고 싶습니다. _____
   (5) 저의 아버지는 학교 선생님입니다. _____
   (6) 저는 중국 사람입니다. _____

2. 用基本阶改写下面句子。

   (1) 어제는 북한산에 갔습니다. _____
   (2) 작년에는 북경에 있었습니다. _____
   (3) 우리 할아버지는 의사 선생님이었습니다. _____
   (4) 어제는 친구들을 만나서 기분이 좋았습니다. _____
   (5) 저는 아직 서울에 가 보지 못했습니다. _____
   (6) 남대문 시장에 가서 옷들을 싸게 샀습니다. _____

3. 用基本阶改写下面句子。

   (1) 공부를 열심히 해서 꼭 시험에 합격하겠습니다.
   _____
   (2) 문수 씨가 키가 크니까 문수 씨 동생도 키가 크겠어요.
   _____
   (3) 저 영화가 재미있겠어요. _____
   (4) 여행이 즐거웠겠어요. _____
   (5) 음식이 맞지 않아서 힘들었겠어요. _____
   (6) 그 옷은 꽤 비싸게 주고 샀겠어요. _____

4. 用不定阶和基本阶改写下列对话。

   (1) ㄱ: 나 내일 학교에 안 올 거예요.
       ㄴ: 왜요? 무슨 일이 있습니까?

(2) ㄱ: 저 드디어 시험에 합격했어요.
　　ㄴ: 정말이에요? 축하합니다.

(3) ㄱ: 옷이 참 예뻐요.
　　ㄴ: 고맙습니다.

(4) ㄱ: 음식이 정말 맛있어요.
　　ㄴ: 그래요? 더 많이 먹어요.

(5) ㄱ: 어제 온종일 일해서 너무 피곤했어요.
　　ㄴ: 오늘은 좀 쉬세요.

(6) ㄱ: 하늘을 좀 보세요. 곧 비가 오겠어요.
　　ㄴ: 우산이 없는데 어떻게 하지요?

5. 仿照例句，用"-지 알다/모르다"回答下列问题。

例如: 한글을 누가 만들었습니까?
　　　ㄱ: 한글은 누가 만들었는지 압니까?
　　　ㄴ: 누가 만들었는지 압니다. 세종대왕입니다. / 누가 만들었는지 모릅니다.

(1) 이 세상에서 제일 높은 산이 어디입니까?
　　ㄱ: _____.
　　ㄴ: _____.

(2) 주구점이 어디에 있습니까?
　　ㄱ: _____.
　　ㄴ: _____.

(3) 이 세상에서 제일 빠른 동물이 무엇입니까?
　　ㄱ: _____.
　　ㄴ: _____.

(4) 2008년 올림픽대회가 어디에서 열렸습니까?
　　ㄱ: _____.
　　ㄴ: _____.

(5) 만리장성을 쌓는 데 몇 년이 걸렸습니까?
　　ㄱ: _____.
　　ㄴ: _____.

(6) 한글은 모두 몇 글자입니까?
　　ㄱ: _____.
　　ㄴ: _____.

6. 仿照例句，用"-같은"回答下列问题。

例句: 어느 나라에 가 보고 싶어요?
　　　프랑스 같은 나라에 가 보고 싶어요.

(1) ㄱ: 뭘 마시겠어요?
　　ㄴ: _____.

(2) ㄱ: 어떤 사람을 좋아해요?
　　ㄴ: _____.

(3) ㄱ: 어떤 색을 좋아해요?
　　ㄴ: _____.

(4) ㄱ: 한국어를 배운 후에 어떤 일을 하고 싶습니까?
　　ㄴ: _____.

(5) ㄱ: 무슨 영화를 보고 싶습니까?
　　ㄴ: _____.

(6) ㄱ: 어떤 사람이 되고 싶습니까?
　　ㄴ: _____.

7. 写作练习。用基本阶介绍我国的某位优秀人物。

8. 将下列句子译成韩文。（请使用基本阶。）

（1）我们每天早晨8点上课。
（2）昨天我们去商店碰见王老师了。
（3）明天我们将去参观奥运村。
（4）为了成为优秀的人才，我们都在努力地学习。
（5）我们去年9月份入学。到现在已经学习了8个月韩国语。
（6）因为外语不好，我去欧洲旅行的时候很难和别人交流。
（7）我不喜欢像他那样的男人。

(8) 夏天我喜欢吃冷面那样爽口的东西。

(9) 金老师出差一个月了,不知什么时候回来。

(10) 不知道韩国人是如何制作泡菜的。有时间的时候想去学习一下。

五、补充单词

교회(名)教会	국수(名)面条
깊이(副)深深地,深刻地,深入地	모택동(名)毛泽东
불쌍하다(形)不幸,可怜	
시험에 합격하다(词组)考试合格	
신나다(词组)兴高采烈,兴致勃勃	신청서(名)申请书
아파트촌(名)公寓区	어둡다(形)黑暗,阴暗
연장하다(他)延长	올림픽대회(名)奥运会
이상하다(形)奇怪,怪异	작성하다(他)制定,编制
정치가(名)政治家	장기간(名)长期
창덕궁(名)昌德宫	추천하다(他)推荐
친척(名)亲戚	한중사전(名)韩中词典

가는 말이 고와야 오는 말이 곱다.

这句话的字面意思是:你对别人说话亲切,别人才会对你说话亲切。类似于汉语的"你敬我一尺,我敬你一丈"。

第10课 机场 공항

一、课文

(1)

직 원: 손님, 비행기 표하고 여권을 좀 보여 주시겠습니까?
왕 룽: 여기 있습니다.
직 원: 짐은 모두 이 트렁크 두 개뿐입니까?
왕 룽: 네, 이 작은 가방은 기내로 들고 가도 됩니까?
직 원: 네, 괜찮습니다.
왕 룽: 가능하면 복도 쪽 말고 창문 쪽으로 자리를 주십시오.
직 원: 마침 창문 쪽의 자리가 있네요. 나머지 짐은 비행기에서 내리자마자 찾으시면 됩니다.
왕 룽: 감사합니다.

(탑승 수속장을 나와서)

왕 룽: 지영 씨, 탑승 수속을 다 마쳤어요.
지 영: 환전도 다 했구요?
왕 룽: 물론입니다. 신경 써줘서 고마워요.
지 영: 늦겠어요. 벌써 사람들이 탑승하기 시작했어요.
왕 룽: 아직 시간이 좀 있어요.
지 영: 북경에 도착하자마자 곧 연락해 주세요.

왕　룡: 알았습니다. 지영 씨 덕분에 서울 생활이 아주 즐거웠어요. 정말 고마워요.
지　영: 뭘요. 저도 왕룡 씨 덕분에 매우 즐거웠어요.

(2)

선주 씨에게

안녕하십니까?

　저는 지금 알래스카 국제 공항에 있습니다. 다음 비행기로 갈아타기 위해서는 이곳에서 1시간 기다려야 합니다. 공항 밖은 굉장히 춥습니다. 사람들이 모두 두꺼운 털모자를 쓰고 털외투를 입었습니다. 저도 조금 전에 공항 안에 있는 면세점에서 털모자하고 에스키모 인형, 그리고 연어알을 조금 샀습니다. 이 엽서도 거기에서 산 겁니다. 나중에 다시 올 기회가 있다면 이곳 알래스카에서 눈썰매도 타고 스키도 타고 싶습니다.

　알래스카 공항은 환승 공항으로 유명한 곳이라서 그런지 시설이 매우 좋습니다. 면세점에 물건들이 종류도 많고 정리도 깔끔하게 잘 되어 있습니다. 한국에서 미국으로 가는 많은 비행기들이 이 알래스카 공항을 거쳐서 미국의 대도시로 갑니다. 공항 주변을 둘러보니 나처럼 비행기를 갈아타기 위해 기다리고 있는 한국인들이 더러 보입니다. 다음 엽서는 미국의 뉴욕에 가서 보내겠습니다. 건강하십시오.

2016년 1월 21일
알래스카에서　왕룡 씀.

二、单词

거치다（他）经过，途经	국제공항（名）国际机场
기내（名）机舱内	깔끔하게（副）利落地，干练地
끝내다（他）完，结束	뉴욕（名）纽约
눈썰매（名）雪橇	더러（副）多少，一些
덕분（名）恩德，恩情	마침（副）恰巧
면세점（名）免税店	복도（名）走廊，过道
둘러보다（他）环视，环顾	스키（名）滑雪
알래스카（名）阿拉斯加	에스키모（名）爱斯基摩
여권（名）护照	엽서（名）明信片
자리（名）座位	작성하다（他）制订，拟订

정리（名）整理，收拾	종류（名）种类
짐（名）行李	탑승수속（名）登机手续
탑승하다（他）搭乘（飞机、船等）	
털모자（名）皮帽	털외투（名）皮大衣
트렁크（名）皮箱	환전（名）换汇

【发音】

紧音现象：在一部分汉字词中，元音后面的"ㄱ"会读为紧音"ㄲ"。

例如：여권 → ［여꿘］

三、基本语法

1. -뿐이다，-(으)ㄹ 뿐이다

"-뿐이다"用于名词后，"-(으)ㄹ 뿐이다"用于动词词干或过去时词尾后，表示除此以外没有别的，意思是"仅仅""只""只是"。

例如：

(1) ㄱ：요리를 잘하십니까？ 菜做得好吗？

ㄴ：제가 잘하는 요리는 라면뿐입니다. 我擅长的只有煮方便面。

(2) ㄱ：아이들이 모두 몇입니까？ 你有几个孩子？

ㄴ：아들 하나뿐입니다. 我只有一个儿子。

(3) ㄱ：죄송하지만 돈 좀 빌려 주십시오. 真不好意思，请借我点儿钱。

ㄴ：미안합니다. 지금 가진 돈이 모두 천 원뿐입니다.

对不起。现在我身上只有1千韩元。

(4) ㄱ：중국 요리를 잘 하세요？ 中国菜做得好吗？

ㄴ：중국 요리는 먹어 보았을 뿐이에요. 만들지는 못해요.

我只是吃过中国菜，不会做。

(5) ㄱ：부산에 가서 김 선생님을 만나셨습니까？

你去釜山见到金老师了吗？

ㄴ：전화만 했을 뿐, 만나지는 못했습니다.

只通了电话，没能见面。

(6) ㄱ：한국어 공부를 많이 했습니까？ 努力学韩国语了吗？

ㄴ: 아니요, 계획만 세웠을 뿐, 아직 시작하지 못했습니다.
　　没有，只不过制订了一个计划，还没开始学习。

2. 말고

放在体词后面，表示"除了""不要"，有拒绝前面体词之意。

例如：

(1) ㄱ: 손님, 이 원피스가 어때요?　小姐，这条连衣裙怎么样？
　　ㄴ: 이 원피스는 너무 짧아요. 이거 말고 다른 것은 없어요?
　　　　这条连衣裙太短了，有没有别的？

(2) ㄱ: 홍단 씨, 이 집 불고기가 맛있어요. 불고기 시킵시다.
　　　　洪丹，这家烤肉很好吃，我们吃烤肉吧。
　　ㄴ: 저는 불고기 말고 시원한 냉면이 먹고 싶어요.
　　　　我不想吃烤肉，想吃清爽的冷面。

(3) ㄱ: 커피 드시겠어요?　喝咖啡吗？
　　ㄴ: 커피 말고 다른 건 없어요?　除了咖啡，还有别的吗？

(4) ㄱ: 우리 같이 영화 보러 갑시다.　我们一起去看电影吧。
　　ㄴ: 미안해요. 오늘은 아버지 생신이에요. 오늘 말고 다른 날 가요.
　　　　对不起，今天是我父亲的生日，今天别去了，改天吧。

(5) ㄱ: 이번 휴가 때는 바다로 갑시다.　这个假期去海边吧。
　　ㄴ: 바다 같은 데 말고 산에 갑시다.
　　　　别去海边之类的地方，到山上去吧。

(6) ㄱ: 이 신문 말고 다른 신문은 없습니까?　除了这种报纸，还有别的吗？
　　ㄴ: 네, 여기 여러 가지가 있습니다.　有，这儿有很多种。

3. -자마자

"-자마자"用在动词词干之后，表示前一个动作、事件发生后，后边的动作、事件立即发生，相当于汉语"一……就……"。

例如：

(1) ㄱ: 어제 몇 시에 잤어요?　昨天几点睡的？
　　ㄴ: 너무 피곤해서 집에 오자마자 잤어요.　因为太累，一到家就睡了。

(2) ㄱ: 회사가 끝나자마자 매일 어디에 가는 겁니까?
　　　　你每天一下班就去哪儿呀？
　　ㄴ: 사실은 매일 저녁마다 영어학원에 다녀요.
　　　　其实，我每天晚上去英语补习班上课。

(3) ㄱ: 학교에 도착하자마자 전화해 주세요.
　　　到学校后立刻给我打电话。

　ㄴ: 알겠습니다. 知道了。

(4) ㄱ: 아침에 제일 먼저 뭘 합니까? 早晨你最先做什么?

　ㄴ: 저는 아침에 일어나자마자 신문을 봅니다.
　　　我早晨一起床就看报纸。

(5) ㄱ: 벌써 밥 먹었어요? 已经吃过饭了?

　ㄴ: 네, 너무 배가 고파서 집에 오자마자 먹었어요.
　　　是, 肚子太饿, 一到家就吃了。

(6) ㄱ: 어제 홍단 씨하고 몇 시에 헤어졌어요?
　　　昨天几点和洪丹分手的?

　ㄴ: 어제는 시간이 없어서 만나자마자 헤어졌어요.
　　　昨天没有时间, 见面后很快就分手了。

4. -기 시작하다

"-기 시작하다"用于动词词干后表示"开始"。

例如:

(1) ㄱ: 언제부터 한국어를 배우기 시작했습니까?
　　　从什么时候开始学习韩国语的?

　ㄴ: 석 달 전부터 배우기 시작했습니다. 3个月前开始学的。

(2) ㄱ: 피아노를 참 잘 치시네요. 언제부터 피아노를 시작하셨습니까?
　　　您钢琴弹得真好。什么时候开始弹钢琴的?

　ㄴ: 5살 때부터 치기 시작했습니다. 从5岁开始弹的。

(3) ㄱ: 아이가 언제부터 울었어요? 孩子从什么时候开始哭的?

　ㄴ: 이제 막 울기 시작했어요. 刚刚开始哭。

(4) ㄱ: 민호 씨를 언제부터 만났습니까? 什么时候开始跟民浩交往的?

　ㄴ: 작년 10월부터 만나기 시작했습니다. 从去年10月份开始。

(5) ㄱ: 아이들이 언제부터 말을 시작합니까? 孩子从什么时候开始说话?

　ㄴ: 보통 15개월 정도부터 말을 하기 시작합니다.
　　　一般15个月左右的时候开始说话。

(6) ㄱ: 이 책을 언제부터 읽었어요? 什么时候开始看这本书的?

　ㄴ: 어제부터 읽기 시작했습니다. 昨天开始看这本书的。

5. 덕분에, -는/(으)ㄴ 덕분에

"덕분에"用于名词之后，"는/-(으)ㄴ 덕분에"用在动词词干后，表示"托……的福""承蒙……"。

例如：

(1) ㄱ: 민호 씨, 고맙습니다. 민호 씨 덕분에 일이 잘 끝났습니다.
民浩先生，谢谢。多亏你的帮助，工作完成得很顺利。

ㄴ: 뭘요. 哪里哪里。

(2) ㄱ: 선생님 덕분에 한국어 실력이 많이 늘었습니다.
承蒙老师帮助，我的韩国语水平得到了很大的提高。

ㄴ: 아닙니다. 홍단 씨가 한국어 공부를 열심히 했기 때문입니다.
哪儿啊，这都是洪丹你自己努力学习的结果。

(3) ㄱ: 컴퓨터 덕분에 일을 빨리 했어요.
多亏有了电脑，工作很快就完成了。

ㄴ: 저도 컴퓨터를 배우고 싶어요. 我也想学习电脑。

(4) ㄱ: 선생님께서 잘 가르쳐 주신 덕분에 시험에 합격할 수 있었습니다.
多亏老师教得好，我才通过了考试。

ㄴ: 축하해요. 祝贺你。

(5) ㄱ: 요즘 어떻게 지내십니까? 近来过得怎么样？

ㄴ: 걱정해 주시는 덕분에 잘 지내고 있습니다.
承蒙您惦念，过得很好。

(6) ㄱ: 벌써 취직을 했습니까? 已经找到工作了？

ㄴ: 한국어를 공부한 덕분에 쉽게 취직할 수 있었습니다.
多亏学了韩国语，很容易就找到了工作。

四、练习

1. 仿照例句，用 "-뿐이다/-(으)ㄹ 뿐이다" 完成下列句子。

例如：돈이 이것밖에 없습니다.
→돈이 이것뿐입니다.
우리는 한 번밖에 안 만났어요.
→우리는 한 번 만났을 뿐이에요.

(1) 시간이 한 시간밖에 없습니다.
　_____.

(2) 이 일을 할 수 있는 사람은 우리밖에 없어요.
　_____.

(3) 나를 정말 이해해 주는 사람은 문수 씨밖에 없습니다.
　_____.

(4) 머리가 좀 아파요. 그러니까 걱정하지 마세요.
　_____.

(5) 저는 조금만 도와 주었어요. 다 그 친구가 했어요.
　_____.

(6) 맥주 한 잔만 마셨어요. 그런데 머리가 아파요.
　_____.

2. 仿照例子，完成句子。

例如： 커피는 벌써 여러 잔 마셨어요.
　　　 커피 말고 다른 걸 주세요.

(1) 이 구두는 좀 큰데요.
　_____.

(2) 이 영화는 벌써 봤어요.
　_____.

(3) 오늘은 피자 같은 밀가루 음식이 먹고 싶지 않아요.
　_____.

(4) 제가 찾는 책은 이게 아닙니다.
　_____.

(5) 이 원피스는 색깔이 마음에 안 들어요.
　_____.

(6) 지금은 퇴근시간이라서 차가 많이 막힐 거예요.
　_____.

3. 完成下列句子。

(1) 회사에 도착하자마자_____.
(2) 대학을 졸업하자마자_____.
(3) 수업이 끝나자마자_____.

(4) 침대에 눕자마자_____.

(5) 음식을 먹자마자_____.

(6) 그 야구선수가 공을 치자마자_____.

4. 用"-기 시작하다"完成对话。

   (1) ㄱ: 언제부터 등산을 시작했습니까?
       ㄴ: _____.

   (2) ㄱ: 테니스를 언제 배웠습니까?
       ㄴ: _____.

   (3) ㄱ: 그 친구를 언제부터 사귀었습니까?
       ㄴ: _____.

   (4) ㄱ: 이 프로그램이 언제부터 시작했습니까?
       ㄴ: _____.

   (5) ㄱ: 김 선생님을 언제 만났습니까?
       ㄴ: _____.

   (6) ㄱ: 비가 언제부터 왔습니까?
       ㄴ: _____.

5. 用"덕분에"完成句子。

   (1) _____시험에 합격했습니다.

   (2) _____건강해졌습니다.

   (3) _____일을 빨리 처리할 수 있습니다.

   (4) _____아침에 1시간이나 더 잘 수 있습니다.

   (5) _____제 한국어 실력이 많이 좋아졌습니다.

   (6) _____여름을 시원하게 보냈습니다.

6. 写作练习。写一篇短文记述在机场或者是火车站的一次经历。

7. 将下列句子译成韩文。

（1）我只是吃过韩国菜，不会做。
（2）我只听说过他的名字，从来没有见过面。
（3）除了圆珠笔，还有别的笔吗？
（4）我嗓子疼，不能吃辣的泡菜，还有别的菜吗？
（5）车一停他就下去了。
（6）他一到首尔就去参观著名的首尔大学了。
（7）我是去年开始学习韩国语的。
（8）为了减肥，我从去年3月份开始锻炼。
（9）多亏了你帮忙，我顺利地搬完了家。
（10）多亏了老师的指导，文洙成为了一名优秀的医生。

五、补充单词

달리다（自）跑	실력이 늘다（词组）水平提高
이사하다（自）搬家	이해하다（自，他）理解
일을 처리하다（词组）处理事情	프로그램（名）节目
피아노를 치다（词组）弹钢琴	헤어지다（自）分手，分离
익다（自）熟，成熟	고개（名）头
숙이다（他）低下	

俗语

벼는 익을수록 고개를 숙인다.

这句话的字面意思是：水稻越成熟头就会越往下垂。比喻越是有内涵的人越谦逊。

第 11 课 饮食，味道 음식, 맛

一、课文

(1)

지 영: 음식이 입에 맞아요?

왕 룡: 네, 정말 맛있습니다.

지 영: 그런데 왕룡 씨는 매운 김치를 참 잘 드시네요.

왕 룡: 처음 한국에 왔을 때는 김치가 얼마나 매운지 못 먹었어요. 그런데 자꾸 먹다 보니까 이제는 김치를 잘 먹게 됐어요. 요즘은 고추장을 바른 상추 쌈도 잘 먹어요.

지 영: 그래요? 보통 외국 사람들이 한국 음식이 입에 맞지 않아서 고생을 많이 하는데 정말 다행이에요. 왕룡 씨는 한국 음식 중에서 어떤 음식이 제일 맛이 있어요?

왕 룡: 요새처럼 날씨가 추울 때는 매운탕 같은 얼큰한 음식이 제일 좋아요.

지 영: 매운탕을 먹을 수 있어요?

왕 룡: 그럼요. 전 한국 음식을 참 좋아해요. 매운 음식도 잘 먹고 된장찌개 같은 구수한 음식도 잘 먹어요.

지 영: 이제 왕룡 씨도 한국 사람이 다 됐네요. 근데 중국 사람들은 어떤 음식을 좋아해요?

왕 룡: 글쎄요. 중국 사람들은 음식을 할 때 튀기거나 볶는 방법을 많이 써요. 그래서 중국 음식이 한국 음식에 비해서 기름기가 많은 편이에요.

지 영: 양념이나 재료는 어떤 걸 많이 써요?

왕 롱: 워낙 종류가 많아서 한마디로 말하기가 힘드네요. 우리 중국에서는 '이 세상에서 나무 책상의 다리 빼고는 못 먹는 것은 없다'라는 말이 있어요.

지 영: 참 재미있는 말이네요. 듣기만 해도 중국 음식이 얼마나 다양한지 잘 알겠네요.

(2)

　　내가 한국에 온 지 벌써 여섯 달이나 된다. 처음에 한국에 왔을 때는 한국 음식이 입에 맞지 않아 고생을 많이 했다. 나는 기름기가 많고 단 음식을 좋아하는데 한국 음식들은 너무 맵고 짰다. 처음 김치를 먹었을 때는 얼마나 매운지 눈물이 날 정도였다. 특히 마늘과 고춧가루를 많이 넣은 음식들은 도저히 먹을 수가 없었다. 그래서 주로 맵지 않은 불고기와 잡채, 만두와 같은 음식만 먹게 되었다. 그러나 이제는 입맛이 많이 바뀌어 김치 없이 밥을 먹으면 마음이 허전할 정도가 되었다. 얼큰한 매운탕과 구수한 된장찌개의 매력도 알게 되었다. 이제는 한국 생활이 정말 즐겁다.

二、单词

고소하다 (形) 香, 有意思	고춧가루 (名) 辣椒面
구수하다 (形) 香喷喷, 有味	기름기 (名) 油水, 油腻
된장찌개 (名) 大酱汤	매운탕 (名) 辣汤
맵다 (形) 辣	볶다 (他) 炒
상추쌈 (名) 生菜叶包饭	양념 (名) 佐料, 调料
얼큰하다 (形) 微辣, 有点辣	입에 맞다 (词组) 合口味
재료 (名) 材料, 原料	책상다리 (名) 桌子腿
튀기다 (他) 炸	허전하다 (形) 空虚

【发音】

넣은 → [너은]　　　　　　　　　　기름기 → [기름끼]

맛있습니다 → [마시씀니다]

三、基本语法

1. 얼마나…지

用于动词、形容词词干之后,表示程度的过分,带有感叹色彩,有"太……以至于……"的意思。

(ㄱ) 动词后面接　　　　-는지。
(ㄴ) 形容词后面接　　　-(으)ㄴ지。
(ㄷ) 过去时词尾后面接　-는지。

例如:

(1) ㄱ: 요즘 어떻게 지내십니까? 最近过得怎么样?
　　ㄴ: 얼마나 바쁜지 정신이 없습니다. 太忙了,忙得不可开交。

(2) ㄱ: 왜 그렇게 눈이 부었습니까? 眼睛怎么肿成那个样子?
　　ㄴ: 어제 얼마나 피곤했는지 12시간이나 잤어요.
　　　　昨天太累了,睡了12个小时。

(3) ㄱ: 문수 씨 한국말 잘해요? 文洙韩国语说得好吗?
　　ㄴ: 네, 얼마나 잘하는지 깜짝 놀랐어요. 很好,好得让人吃惊。

(4) ㄱ: 아드님이 대학 시험에 합격했지요? 정말 축하합니다.
　　　　贵公子考上大学了吧? 真是可喜可贺呀。
　　ㄴ: 네, 저도 얼마나 좋은지 모르겠어요. 是呀,非常高兴。

(5) ㄱ: 아기가 그렇게 예뻐요? 你那么喜欢孩子啊?
　　ㄴ: 네, 얼마나 예쁜지 아기만 보면 다른 생각이 안 나요.
　　　　喜欢,一看到孩子,所有的事情都置于脑后了。

(6) ㄱ: 밖에 날씨 어때요? 外边天气怎么样?
　　ㄴ: 얼마나 추운지 나가기가 싫어요. 太冷了,不想出去。

2. -(으)니까

用于动词词干后,表示进行前一动作后,发现或确认后一动作或状态。前一动作的主语必须是第一人称。后一动作的主语与前面不同。

例如:

(1) ㄱ: 한국말 공부가 재미있어요? 学韩国语有意思吗?
　　ㄴ: 공부해 보니까 아주 재미있어요. 学起来挺有意思。

(2) ㄱ: 서울에 와 보니까 정말 차들이 많은 걸 알겠어요.
　　　到首尔一看，才知道车可真多呀。
　　ㄴ: 요즘 갑자기 더 많아졌어요.　最近突然更多起来了。
(3) ㄱ: 구두가 마음에 안 드십니까?　这皮鞋你不喜欢吗?
　　ㄴ: 마음에 들어요. 그렇지만 신어 보니까 좀 작네요.
　　　喜欢, 可穿起来有点儿小。
(4) ㄱ: 지영 씨 소식을 어떻게 알았습니까?
　　　你是怎么知道志英的消息的?
　　ㄴ: 어제 집에 가니까 지영 씨한테서 편지가 와 있었어요.
　　　昨天回家一看, 家里有志英的来信。
(5) ㄱ: 아파트가 생활하기에 편하지요?　还是住公寓生活方便吧?
　　ㄴ: 살아 보니까 확실히 편한 것 같아요.　住了住, 确实觉得方便。
(6) ㄱ: 이 회사 제품이 괜찮아요?　这家公司产品还行吗?
　　ㄴ: 저는 써 보니까 괜찮았어요. 한번 써 보세요.
　　　我用了用觉得不错, 你也不妨试试吧。

3. -게 되다

用于动词之后，表示由于某种原因或环境，事物状态或性质发生变化。

例如:

(1) ㄱ: 왕단 씨도 내일 지영 씨 집에 가시지요?
　　　王丹, 你明天也去志英家吧?
　　ㄴ: 미안합니다. 가려고 했는데 일 때문에 못 가게 되었어요.
　　　对不起, 原来想去, 可是有事, 去不成了。
(2) ㄱ: 어떻게 하면 한국어를 잘할 수 있어요?　怎样才能学好韩国语?
　　ㄴ: 이 책으로 공부하면 금방 한국어를 잘할 수 있게 될 겁니다.
　　　用这本书学习, 韩国语很快就能学好。
(3) ㄱ: 다음주에 시간이 있으십니까?　下周有时间吗?
　　ㄴ: 갑자기 다음주에 부산으로 출장을 가게 되었습니다.
　　　突然决定下周要去釜山出差。
(4) ㄱ: 돼지고기를 잘 드십니까?　喜欢吃猪肉吗?
　　ㄴ: 처음에는 못 먹었는데 이제는 잘 먹을 수 있게 되었어요.
　　　刚开始不习惯, 现在很喜欢吃了。

(5) ㄱ: 어떻게 세민 씨하고 알게 되었습니까? 你怎么认识世民的？

ㄴ: 친구 소개로 알게 되었습니다. 朋友介绍认识的。

(6) ㄱ: 요즘 왜 수영장에 안 나와요? 近来怎么没来游泳池？

ㄴ: 사실은 다리를 다쳐서 못 나가게 되었어요.
说实话，我腿受伤了，所以没能来。

4. -는/(으)ㄴ 편이다

用在动词或形容词词干后，相当于汉语"算是……""还算是……"。

例如：

(1) ㄱ: 운동을 잘하십니까? 擅长运动吗？

ㄴ: 잘하지는 못하지만 좋아하는 편이에요.
说不上擅长，就算是喜欢吧。

(2) ㄱ: 영화를 자주 보십니까? 常看电影吗？

ㄴ: 네, 자주 보는 편입니다. 是的，常看。

(3) ㄱ: 매운 음식을 먹을 줄 압니까? 能吃辣的吗？

ㄴ: 처음에는 잘 못 먹었는데 이제는 잘 먹는 편이에요.
开始不能，现在算是能吃了。

(4) ㄱ: 저는 키가 좀 작은 편이기 때문에 이런 옷이 안 어울려요.
我算是小个子，这种衣服不适合我穿。

ㄴ: 그러면 이 옷을 한번 입어 보세요. 那么请试试这件。

(5) ㄱ: 오늘 날씨 어때요? 今天天气怎么样？

ㄴ: 좀 추운 편이에요. 算是有点儿冷吧。

(6) ㄱ: 그 친구는 학교 다닐 때 어땠어요? 他上学时怎么样？

ㄴ: 성실하고 공부도 잘하는 편이었어요. 很诚实，学习也算是好的。

5. -에 비하다

用在名词、代词后面，表示比较。经常使用"-에 비해""-에 비하면""-에 비하여"的形式。

例如：

(1) ㄱ: 한국 사람들의 성격은 어떻습니까? 韩国人性格怎么样？

ㄴ: 중국 사람들에 비해서 좀 급한 편입니다. 比中国人急。

(2) ㄱ: 지영 씨 언니도 키가 큽니까? 志英的姐姐也很高吗？

ㄴ: 지영 씨에 비해서 좀 작은 편입니다. 比志英稍矮一点。

(3) ㄱ: 북경의 겨울 날씨는 어떻습니까? 北京的冬天天气怎么样？
    ㄴ: 서울에 비해서 추운 편입니다. 比首尔冷。
(4) ㄱ: 남대문 시장에 가 보셨어요? 去过南大门市场吗？
    ㄴ: 네, 백화점에 비해서 훨씬 물건 값이 쌉니다.
        去过，和商场相比，物价便宜得多。
(5) ㄱ: 한국어가 어렵지 않습니까? 韩国语不难吗？
    ㄴ: 중국어에 비해서 발음이나 문법이 더 어려운 것 같아요.
        和汉语相比，发音、语法好像都更难些。
(6) ㄱ: 한국말 참 잘하시네요. 你的韩国语说得真不错呀。
    ㄴ: 그래도 문수 씨에 비하면 잘 못하는 편이에요.
        和文洙相比差得远了。

四、练习

1. 仿照下例造句。

例如： 피곤하다
→얼마나 피곤한지 침대에 눕자마자 잠이 들었어요.

(1) 바쁘다
_____.

(2) 심심하다
_____.

(3) 똑똑하다
_____.

(4) 예쁘다
_____.

(5) 기분이 좋다
_____.

(6) 아프다
_____.

2. 完成下列句子。

(1) 한국어를 공부해 보니까_____.

(2) 여행을 해 보니까＿＿＿＿＿＿＿＿＿＿＿＿＿＿＿＿＿＿＿＿＿＿＿＿.

(3) 집에 가니까＿＿＿＿＿＿＿＿＿＿＿＿＿＿＿＿＿＿＿＿＿＿＿＿＿＿.

(4) 그 친구를 만나 보니까＿＿＿＿＿＿＿＿＿＿＿＿＿＿＿＿＿＿＿＿.

(5) 책을 많이 읽으니까＿＿＿＿＿＿＿＿＿＿＿＿＿＿＿＿＿＿＿＿＿.

(6) 이 감기약을 먹으니까＿＿＿＿＿＿＿＿＿＿＿＿＿＿＿＿＿＿＿＿.

3. 用"-게 되다"完成下列句子。

(1) ㄱ: 요즘은 왜 운동을 안 해요?

　　ㄴ: 너무 바빠서＿＿＿＿＿＿＿＿＿＿＿＿＿＿＿＿＿＿＿＿＿＿.

(2) ㄱ: 오늘 모임에 안 와요?

　　ㄴ: 갑자기 일이 생겨서＿＿＿＿＿＿＿＿＿＿＿＿＿＿＿＿＿＿.

(3) ㄱ: 설악산까지 아직 멀었어요?

　　ㄴ: 한 시간 정도만 더 가면＿＿＿＿＿＿＿＿＿＿＿＿＿＿＿＿.

(4) ㄱ: 컴퓨터를 잘 하려면 얼마나 배워야 합니까?

　　ㄴ: 3달 정도만 배우면＿＿＿＿＿＿＿＿＿＿＿＿＿＿＿＿＿＿.

(5) ㄱ: 살이 쪄서 걱정이에요.

　　ㄴ: 조금만 운동하면＿＿＿＿＿＿＿＿＿＿＿＿＿＿＿＿＿＿＿.

(6) ㄱ: 출장을 언제 갑니까?

　　ㄴ: 다음주쯤에＿＿＿＿＿＿＿＿＿＿＿＿＿＿＿＿＿＿＿＿＿＿.

4. 用"-에 비해서"对下列事物进行比较。

(1) 동양과 서양 →

(2) 중국 음식과 한국 음식 →

(3) 남자와 여자 →

(4) 백화점과 시장 →

(5) 산과 바다 →

(6) 도시 생활과 시골 생활 →

5. 结合以下词语，用"-는/(으)ㄴ 편이다"介绍自己的情况。

例如: 키 → 저는 키가 큰 편입니다.

(1) 몸무게 →

(2) 좋아하는 음식 →

(3) 외국어 실력 →

(4) 취미 →

(5) 친구 →

(6) 동물 →

6. 将<ㄱ><ㄴ>项中内容相关的词语用直线连接起来。

<ㄱ>	<ㄴ>
소금	고소하다
설탕	시다
식초	맵다
약	짜다
김치	달다
참기름	쓰다

7. 写作练习。请用韩国语简单介绍自己家乡的美食。

8. 将下列句子译成韩文。

（1）她伤心得眼睛都哭肿了。

（2）韩国人实在太能吃辣的了。

（3）开始他不喜欢这种工作，干了一段时间，发现很适合自己。

（4）给李老师家打电话，正占线。

（5）钱丢了，不能去旅行了。

（6）多亏老师的教导，我喜欢上了韩国语。

（7）他英语说得不错，当然还是不如美国人。

（8）同三班相比，四班学生的发音要更好些。

（9）北京的夏天很热，今天算是凉快的了。

（10）小学一年级学生里面，他的个子算是高的了。

五、补充单词

급하다（形）急	나오다（自）出来
눈이 붓다（词组）眼睛肿	동양（名）东方
서양（名）西方	만두（名）包子，饺子
문법（名）语法	시다（形）酸的
식초（名）醋	실력（名）能力，水平
쓰다（他）用	잡채（名）韩式炒杂菜
이빨을 뽑다（词组）拔牙	재래시장（名）传统市场
정신이 없다（词组）无精打采	참기름（名）芝麻油，香油
출장 가다（自）出差	치과（名）牙科
합격하다（自）合格，通过考试	혼나다（词组）失魂，丧胆，掉魂
확실히（副）确实	

俗语

소 귀에 경 읽기.

这句话的字面意思是：对牛耳念经。
类似于汉语的"对牛弹琴"。

第12课 济州岛 제주도

一、课文

(1)

홍 단: 여행을 가고 싶은데 어디가 좋을까요?
지 영: 제주도가 어때요? 정말 좋은 곳이에요.
홍 단: 제주도는 어떤 곳이에요?
지 영: 제주도는 한국의 제일 남쪽에 있는 섬이에요. 원래 돌, 여자, 바람이 많기로 유명해서 삼다도라고 해요.
홍 단: 가보고 싶어요. 시간이 있으면 지영 씨도 같이 가면 좋겠어요.
지 영: 좋아요. 유채꽃도 볼 겸 언제 같이 가요.

(제주도에서)

홍 단: 지영 씨, 제주도가 너무 아름다워요. 왕단 씨도 같이 왔으면 좋았을 텐데…
지 영: 그러게 말이에요.
홍 단: 그런데 저기 서 있는 것은 무엇인가요? 참 이상하게 생겼군요.
지 영: 아, 저게 바로 돌하루방이에요.
홍 단: 하루방이 무슨 뜻인가요?
지 영: 하루방은 제주도 말로 할아버지라는 뜻이에요. 저 돌하루방은 마을을 지키는 수호신 같은 거예요.
홍 단: 참 재미있네요.
지 영: 홍단 씨, 바로 저기가 한라산이에요. 멋있지요?
홍 단: 섬 한 가운데 우뚝 솟은 모습이 참 웅장하네요. 우리 내일은 저 한라산에 올라가요.
지 영: 그래요. 제주도까지 왔는데 한라산에는 꼭 올라가야죠.

(2)

　　제주도는 돌과 바람, 그리고 여자가 많기로 유명합니다. 그래서 제주도를 삼다도라고 합니다. 제주도에는 아직도 해녀가 많습니다. 바닷가에서 해녀가 잡은 전복이나 해삼을 한번 드셔 보십시오. 좋은 추억이 될 겁니다. 제주도는 특히 봄이 아름답습니다. 바닷가에는 노란 유채꽃이 피고, 한라산에는 붉은 철쭉꽃이 예쁘게 핍니다. 한라산은 한국에서 가장 높은 산입니다. 한라산의 꼭대기에는 백록담이라는 아름다운 호수가 있습니다. 제주도는 관광지로 유명합니다. 일반 여행객들도 많지만, 과거부터 제주도는 신혼부부들의 여행지로도 각광받아 왔습니다. 제주도에 가면 이제 막 결혼한 신혼 부부들이 사진 찍는 모습을 쉽게 볼 수 있습니다. 제주도는 자전거로 여행하기도 좋은 곳입니다. 자전거를 타고 해안도로를 달리며 바닷가의 경치를 보면 아주 시원한 느낌을 받을 수 있습니다.

二、单词

각광（名）瞩目，青睐	꼭대기（名）顶
남쪽（名）南边	노랗다（形）黄
돌하루방（名）石头老人	마을（名）村庄
막（副）正要，刚刚	바닷가（名）海边
백록담（名）白鹿潭	붉다（形）红色的
솟다（自）涌出，高耸	수호신（名）守护神
우뚝（副）高耸地，突起地	유채꽃（名）油菜花
전복（名）鲍鱼	철쭉꽃（名）山踯躅花
하루방（名）爷爷（济州岛方言）	한라산（名）汉拿山
해녀（名）海女	해삼（名）海参
해안도로（名）海边的道路	
글쎄 말이에요（常用语）说得是呀，谁说不是呢	

【发音】

원래 → 〔월래〕　　　많기 → 〔만키〕
볼 겸 → 〔볼껌〕　　같이 올 걸 → 〔가치올껄〕
한라산 → 〔할라산〕

三、基本语法

1. -(으)로 유명하다/-기로 유명하다

"-(으)로 유명하다"用在名词之后,"-기로 유명하다"用在动词、形容词词干后,表示"由于……而有名""以……而著称"。

例如:

(1) ㄱ: 경주는 무엇으로 유명합니까? 庆州以什么出名?
ㄴ: 관광지로 유명합니다. 以旅游胜地而出名。

(2) ㄱ: 중국은 무엇으로 유명합니까? 中国以什么而驰名?
ㄴ: 중국은 고대문명이 발달한 국가로 유명합니다.
以文明古国而驰名。

(3) ㄱ: 일본 음식은 뭐가 맛있습니까? 日本饭菜什么东西好吃?
ㄴ: 일본은 생선회와 초밥으로 유명합니다. 일본에 가면 꼭 한번 드셔 보십시오.
日本料理以生鱼片和饭团出名。如果到日本,一定要尝尝。

(4) ㄱ: 왜 이 식당으로 왔어요? 为什么来这个餐厅?
ㄴ: 이 식당이 음식 잘하기로 유명해요.
这个餐厅饭菜做得好,很有名。

(5) ㄱ: 내장산은 단풍이 아름답기로 유명합니다.
内藏山以枫叶美而出名。
ㄴ: 그래요? 올 가을에는 내장산에 가봅시다.
是吗?今年秋天一起去看看吧。

(6) ㄱ: 이 사과가 참 맛있네요. 这苹果真好吃。
ㄴ: 맛있지요? 원래 대구 사과는 맛이 있기로 유명합니다.
好吃吧? 大邱苹果就是以好吃而闻名的。

2. -겸, -(으)ㄹ 겸

"겸"用于名词和名词之间，表示某一个事物同时兼具两种性质或功能。"-(으)ㄹ 겸"用于动词词干之后，表示做一件事同时达到两个或几个目的。

例如：

(1) ㄱ: 여기가 어딥니까? 这是什么地方？
    ㄴ: 여기는 응접실 겸 거실입니다. 这是客厅兼卧室。

(2) ㄱ: 사무실은 어디에 있습니까? 办公室在哪儿？
    ㄴ: 이 방이 사무실 겸 연구실입니다. 这个房间就是办公室兼研究室。

(3) ㄱ: 우리 어머니는 저의 가장 가까운 친구 겸 선생님이셨습니다.
       我母亲是我最亲密的朋友和老师。
    ㄴ: 지영 씨 어머님은 정말 훌륭한 분이실 것 같습니다.
       志英，看来你母亲真是一位出色的母亲啊！

(4) ㄱ: 어디에서 만날까요? 在哪儿见面呢？
    ㄴ: 바람도 쐴 겸 교외에서 만납시다. 在郊外见，顺便兜兜风。

(5) ㄱ: 우리 만나서 뭘 할까요? 我们见面后做些什么呢？
    ㄴ: 기분 전환도 할 겸 극장에 갑시다. 去看看电影散散心。

(6) ㄱ: 북경은 웬일이십니까? 您怎么来北京了？
    ㄴ: 중국어도 배울 겸 친구들도 만날 겸 왔습니다.
       来学学汉语，也见见朋友。

3. -(으)ㄹ 걸 (그랬다)

用在动词词干后，表示说话人因过去未做的某事而后悔。

例如：

(1) ㄱ: 길이 많이 막히네요. 路堵得厉害啊。
    ㄴ: 지하철을 탈 걸 그랬어요. 坐地铁来就好了。

(2) ㄱ: 냉면이 너무 맛이 없어요. 这个冷面真难吃。
    ㄴ: 그래요? 나처럼 설렁탕을 시킬 걸 그랬어요.
       是吗？跟我一样点牛杂碎汤就好了。

(3) ㄱ: 경치가 아주 좋군요. 风景太美了。
    ㄴ: 사진기를 가져올 걸 그랬어요. 带相机来就好了。

(4) ㄱ: 아직도 감기가 낫지 않았어요? 感冒还没好吗？
    ㄴ: 일찍 병원에 갈 걸 그랬어요. 早点去医院就好了。

(5) ㄱ: 한국 생활이 어때요? 在韩国过得怎么样?

ㄴ: 한국말을 몰라서 힘들어요. 한국말을 배울 걸 그랬어요.
因为不懂韩国语，所以很不方便。学点韩国语就好了。

(6) ㄱ: 시험을 잘 봤어요? 考试考得好吗?

ㄴ: 아니요, 너무 어려웠어요. 어제 공부를 좀 할 걸 그랬어요.
不好，太难了。昨天多用点功就好了。

4. -(으)ㄹ까요?

和第一册的用法不同，这里主要用于以下的情况:
1) 说话人不了解情况，进行猜测、询问;
2) 说话人了解情况，但是像出谜语一样让听者去猜。

例如:

(1) ㄱ: 금방 세민 씨한테서 선물을 받았어요.
刚才从世民那儿收到了礼物。

ㄴ: 그 상자 안에 무엇이 들어 있을까요? 빨리 열어 보세요.
那箱子里装着什么呢? 快打开看看。

(2) ㄱ: 저 앞에 가는 사람이 남자일까요? 여자일까요?
前边走的那个人是男的还是女的?

ㄴ: 머리가 길지만 아마 남자일 겁니다. 虽然头发长，可能还是男的。

(3) ㄱ: 이번 경기에 어느 팀이 이길까요? 这次比赛哪个队会赢?

ㄴ: 글쎄요. 很难说。

(4) ㄱ: '하루방'이 무슨 뜻일까요? "하루방"是什么意思?

ㄴ: 지영 씨한테 물어 보세요. 去问问志英吧。

(5) ㄱ: 지영 씨가 시험에 붙었을까요? 志英考试能不能过呢?

ㄴ: 열심히 했으니까 아마 시험에 붙었을 거예요.
她学习很努力，估计没问题。

(6) ㄱ: 저 두 사람이 언제 결혼할까요? 他们两个人什么时候结婚呢?

ㄴ: 글쎄요. 저도 모르겠어요. 难说，我也不知道。

四、练习

1. 仿照例句，用下列给出的词语完成对话。（一问一答式。请事先简单了解下列韩国名胜古迹。）

例如：내장산，단풍

　　ㄱ: 지난 주말에 어디에 갔다 왔어요?
　　ㄴ: 내장산에 갔었어요.
　　ㄱ: 내장산은 어떤 곳이에요?
　　ㄴ: 내장산은 단풍으로 유명해요.

(1) 경주, 불국사

　　ㄱ: _____.
　　ㄴ: _____.
　　ㄱ: _____.
　　ㄴ: _____.

(2) 수안보, 온천

　　ㄱ: _____.
　　ㄴ: _____.
　　ㄱ: _____.
　　ㄴ: _____.

(3) 용평, 스키장

　　ㄱ: _____.
　　ㄴ: _____.
　　ㄱ: _____.
　　ㄴ: _____.

(4) 진해, 벚꽃

　　ㄱ: _____.
　　ㄴ: _____.
　　ㄱ: _____.
　　ㄴ: _____.

(5) 제주도, 신혼여행지

　　ㄱ: _____.

ㄴ: _____.
ㄱ: _____.
ㄴ: _____.

(6) 강릉, 경포대

   ㄱ: _____.
   ㄴ: _____.
   ㄱ: _____.
   ㄴ: _____.

2. 仿照例子，用 "-겸, -(으)ㄹ 겸" 回答下面问句。

   例如： ㄱ: 어디에 갑니까?
           ㄴ: 바람 쐴 겸 산책하러 갑니다.

   (1) ㄱ: 이 방은 무슨 방입니까?
       ㄴ: _____.
   (2) ㄱ: 부엌이 따로 있습니까?
       ㄴ: _____.
   (3) ㄱ: 여기 웬일이십니까?
       ㄴ: _____.
   (4) ㄱ: 만나서 어디에 갈까요?
       ㄴ: _____.
   (5) ㄱ: 어디에서 만날까요?
       ㄴ: _____.
   (6) ㄱ: 어제 왜 도서관에 있었습니까?
       ㄴ: _____.

3. 完成下列句子。

   (1) ㄱ: 이 가방 안에 _____?
       ㄴ: 아마 책하고 지갑이 있을 겁니다.
   (2) ㄱ: 지영 씨 생일이_____?
       ㄴ: 아마 오늘이나 내일일 겁니다.
   (3) ㄱ: 지금쯤 홍단 씨가 집에_____?
       ㄴ: 한번 홍단 씨네 집에 전화해 보세요.

(4) ㄱ: 저 영화가_____?

　　ㄴ: 영화관 앞에 사람이 많아요. 아마 재미있을 겁니다.

(5) ㄱ: 사무실 안에 사람이 있어요._____?

　　ㄴ: 아마 문수 씨일 겁니다.

(6) ㄱ: 내일 날씨가_____?

　　ㄴ: 아마 좋을 겁니다. 일기예보에서 들었습니다.

4. 请与同学一起仿照例子作问答。

(1) ㄱ: 우리 반에서 제일 키가 큰 사람입니다. 누구일까요?

　　ㄴ: 진문수 씨입니다.

(2) ㄱ: 아침에는 네 발로, 점심에는 두 발로, 저녁에는 세 발로 걷는 것은 무엇일까요?

　　ㄴ: 사람입니다.

5. 会话练习。简单叙述自己感到后悔的一件事。

6. 写作练习。请写一篇短文介绍自己家乡的特产。

7. 将下列句子译成韩文。

(1) 中国江西的景德镇以瓷器著称。

(2) 北京大学以其悠久的历史、优秀的学生而闻名于世。

(3) 下雨了，真该带把伞出来。

(4) 现在找工作太难了。过去的大学四年真应该更努力地学习。

(5) 坐在他旁边的漂亮女人是他妻子吗？

(6) 是不是他忘了我们以前的约定？

(7) 从北京坐火车到上海需要多长时间呢？

(8) 明天会不会下雨呢？

(9) 他去上海出差并看望朋友。

(10) 我把这里既用作书房又用作客厅。

五、补充单词

강릉（名）江陵	경주（名）庆州
관광지（名）旅游胜地	눈을 맞다（词组）冒雪
대구（名）大邱	떨어뜨리다（他）使掉落，使降低
마술피리（名）魔笛	바람 쐬다（词组）乘凉，兜风
생선회（名）生鱼片	서재（名）书房
신혼부부（名）新婚夫妇	온천（名）温泉
일기예보（名）天气预报	줍다（他）捡，拾
초밥（名）（日式）饭团	풍경（名）风景
간（名）肝	기별（名）消息

俗语

간에 기별도 안 간다.

这句话的字面意思是：肝都没得到信儿。形容数量之少，类似于汉语的"还不够塞牙缝的"。

第13课 打电话 2 전화하기 2

一、课文

(1)

진동찬: 여보세요. 현대자동차 영업2과 진동찬입니다.
이용민: 진 대리님이십니까? 저 이용민입니다.
진동찬: 이용민 씨, 지금 어디입니까?
이용민: 지금 집에 있습니다. 몸이 안 좋아서 도저히 출근을 할 수가 없습니다. 미리 연락드리지 못해 죄송합니다.
진동찬: 알겠어요. 참, 아까 과장님께서 어제 지시한 일을 다 끝냈느냐고 물으셨는데, 다 끝냈습니까?
이용민: 네, 그 일은 다 끝냈습니다.
진동찬: 알았습니다, 그러면 몸조리 잘 하십시오. 과장님께는 제가 잘 말씀드리겠습니다.
이용민: 감사합니다. 나중에 회사에서 뵙겠습니다.

(전화를 끊고)

진동찬: 과장님, 방금 이용민 씨한테서 연락이 왔는데, 오늘 몸이 아파서 못 나오겠다고 했습니다.
과장님: 그래요? 그런데 어제 시킨 일은 어떻게 되었다고 합니까?
진동찬: 그 일은 다 끝냈다고 합니다.

(2)

　　이호진 씨는 오래간만에 중학교 동창인 최영찬 씨에게서 전화를 받았습니다. 이호진 씨는 대학에 입학하기 위해 고향을 떠난 후 거의 고향 친구들과 연락을 못하고 지냈습니다. 또한 가족도 모두 고향을 떠났기 때문에 고향에 내려갈 일도 더더욱 없었습니다. 그래서 오랜만에 친구의 목소리를 들었을 때 무척 반가웠습니다.

　　최영찬 씨와 이호진 씨는 그동안 잘 지냈느냐고 서로 안부를 물었습니다. 이호진 씨는 최영찬 씨가 뭘 하는지 몰랐기 때문에 요즘 무슨 일을 하느냐고 물었습니다. 최영찬 씨는 고등학교를 졸업하고 취직을 해서 회사에 다닌다고 했습니다. 그리고 최영찬 씨는 올해부터 매년 4월 첫째 토요일에 동창회를 하기로 했다고 하고, 앞으로는 자주 만나자고 말했습니다. 그리고 이호진 씨에게 동창회에 꼭 나오라고 하고 전화를 끊었습니다.

二、单词

늘（副）总是，常常	대리（名）代理
더더욱（副）更加，越发	목소리（名）嗓音
도저히（副）无论如何（下接否定词）	
몸조리를 하다（词组）保养，休养，调养身体	
방금（副）刚才	생맥주집（名）生啤酒店
안부（名）平安与否	
영업과（名）营业科	웬일（词组）什么事
지시하다（自，他）指示	

【发音】

영업 2 과 → ［영업이꽈］　　　끝내다 → ［끈내다］
연락 → ［열락］　　　　　　　웬일 → ［웬닐］

三、基本语法

간접화법 <间接引语>:

说话人把从别人那里听来的话向另一人转述，这样的句子叫间接引语。间接引语的形式一般是"-고 (이야기)하다, -고 (말)하다, -고 묻다"等。根据引用句式的不同，在"-고"前边可以用"다, 냐, 자, 라"。在间接引语中，若想说明原句的说话人及听话人，应使用"-이/가 -에게 -고 하다"的形式。

1. -다고 하다

在转达陈述句时，将"-다"与"-고 하다"相连接，构成"-다고 하다"的形式，用在词干后面而在转达以"-이다, 아니다"结尾的句子时使用"-이라고 하다, 아니라고 하다"的形式。在会话中多用缩略形"-답니다/대요, 랍니다/-래요"的形式。

当说话者与句子的主语不一致时，为强调说话者，用"-이/가 그러는데…"的形式。当直接引语中使用与直接引语的说话者相同的人称名词时，间接引语中应改用"자기"的形式。

列表说明于下：

	动词	形容词	名词
现在时	开音节+ㄴ다고 하다 闭音节+는다고 하다	+다고 하다	开音节+라고 하다 闭音节+이라고 하다
过去时	+았/었/였다고 하다		
将来时	+겠다고 하다		

例如：

(1) 수미: "나는 아침에 운동을 합니다."
　　→수미 씨는 아침에 운동을 한다고 합니다.
　—秀美说："我早晨运动。"
　　→秀美说她早晨运动。

(2) 세민: "나는 고양이를 좋아합니다."
　　→세민 씨는 고양이를 좋아한다고 합니다.
　—世民说："我喜欢猫。"
　　→世民说他喜欢猫。

(3) 왕단: "저는 보통 아침에 빵을 먹습니다."
　　→왕단 씨는 보통 아침에 빵을 먹는다고 합니다.

—王丹说:"我早晨一般吃面包。"
→王丹说她早晨一般吃面包。

(4) 홍단: "나는 아침에 일어나자마자 신문을 읽습니다."
→홍단 씨는 아침에 일어나자마자 신문을 읽는다고 합니다.
—洪丹说:"我早晨一起床就看报。"
→洪丹说她早晨一起床就看报。

(5) 뉴스: "오늘 날씨가 춥습니다."
→뉴스에서 그러는데, 오늘 날씨가 춥다고 합니다.
—新闻报道:"今天天气寒冷。"
→新闻报道说今天天气寒冷。

(6) 문수: "머리가 아픕니다."
→문수 씨는 머리가 아프다고 합니다.
—文洙说:"我头疼。"
→文洙说他头疼。

(7) 세민: "하숙집으로 옮기고 싶습니다."
→세민 씨가 하숙집으로 옮기고 싶다고 합니다.
—世民说:"我想搬到寄宿房与当地人住在一起。"
→世民说他想搬到寄宿房与当地人住在一起。

(8) 세민: "저 건물이 서울 시청입니다."
→세민 씨가 그러는데, 저 건물이 서울 시청이라고 합니다.
—世民说:"那座建筑是首尔市政厅。"
→世民说那座建筑是首尔市政厅。

(9) 수미: "나는 이번 주말에 제주도에 갈 겁니다."
→수미 씨는 이번 주말에 제주도에 갈 거라고 합니다.
— 秀美说:"这个周末我可能去济州岛。"
→ 秀美说这个周末她可能去济州岛。

(10) 문수: "저는 어젯밤 늦게까지 책을 읽었습니다."
→문수 씨는 어젯밤 늦게까지 책을 읽었다고 합니다.
—文洙说:"我昨晚看书看到很晚。"
→文洙说他昨晚看书看到很晚。

(11) 세민: "작년 겨울에는 서울에 눈이 무척 많이 왔습니다."
→세민 씨가 그러는데, 작년 겨울에는 서울에 눈이 무척 많이 왔다고 합니다.

—世民说:"去年冬天首尔下了很大的雪。"
→世民说去年冬天首尔下了很大的雪。

(12) 왕단: "어제가 홍단 씨의 생일이었어요."
→왕단 씨가 그러는데, 어제가 홍단 씨의 생일이었다고 합니다.
—王丹说:"昨天是洪丹的生日。"
→王丹说昨天是洪丹的生日。

(13) 수미: "오후에 다시 전화하겠습니다."
→수미 씨가 오후에 다시 전화하겠다고 합니다.
—秀美说:"下午我再打电话。"
→秀美说她下午再打电话。

(14) 문수: "내년에는 물가가 많이 오르겠습니다."
→문수 씨가 그러는데, 내년에는 물가가 많이 오르겠다고 합니다.
—文洙说:"明年物价将大幅度上涨。"
→文洙说明年物价将大幅度上涨。

(15) 세민: "그 사과는 내가 사온 겁니다."
→세민 씨가 그러는데 그 사과는 자기가 사온 거라고 합니다.
—世民说:"那个苹果是我买来的。"
→世民说那个苹果是他买来的。

2. -냐고 묻다 (하다)

转达疑问句时用"-냐고 묻다 (하다)"。根据句尾、词类和时制分别用以下形式:

	动词	形容词
现在时	+느냐고 하다	开音节+냐고 하다 闭音节+으냐고 하다
过去时	+았/었/였느냐고 하다	
将来时	+겠느냐고 하다	

例如:

(1) 수미: "지금 무슨 일을 합니까?"
→수미 씨가 나한테 지금 무슨 일을 하느냐고 물었습니다.
—秀美问:"你现在在做什么工作?"
→秀美问我现在在做什么工作。

(2) 세민: "밖에 비가 옵니까?"
　　→세민 씨가 밖에 비가 오느냐고 물었습니다.
　—世民问: "外面下雨吗?"
　　→世民问外面下雨了没有。

(3) 왕단: "아침에 빵을 드십니까?"
　　→왕단 씨가 아침에 빵을 먹느냐고 물었습니다.
　—王丹问: "早晨吃面包吗?"
　　→王丹问早晨是否吃面包。

(4) 홍단: "오늘 몇 시에 약속이 있습니까?"
　　→홍단 씨가 오늘 몇 시에 약속이 있느냐고 물었습니다.
　—洪丹问: "今天几点有约会?"
　　→洪丹问今天几点有约会。

(5) 홍단: "기분이 좋으십니까?"
　　→홍단 씨가 기분이 좋으냐고 물었습니다.
　—洪丹问: "心情好吗?"
　　→洪丹问心情是否好。

(6) 문수: "수진 씨, 동생도 키가 큽니까?"
　　→문수 씨가 나한테 동생도 키가 크냐고 물었습니다.
　—文洙问: "秀真, 你弟弟个子高吗?"
　　→文洙问我弟弟的个子高不高。

(7) 문수: "내일이 무슨 날입니까?"
　　→문수 씨가 내일이 무슨 날이냐고 물었습니다.
　—文洙问: "明天是什么日子?"
　　→文洙问明天是什么日子。

(8) 세민: "저기가 어디입니까?"
　　→세민 씨가 저기가 어디냐고 물었습니다.
　—世民问: "那里是什么地方?"
　　→世民问那里是什么地方。

(9) 홍단: "어느 세탁기를 살 거예요?"
　　→홍단 씨가 어느 세탁기를 살 거냐고 물었습니다.
　—洪丹问: "要买哪种洗衣机?"
　　→洪丹问要买哪种洗衣机。

(10) 수미: "언제 한국에 오셨습니까?"
    →수미 씨가 언제 한국에 왔느냐고 물었습니다.
—秀美问: "你什么时候来韩国的?"
    →秀美问我什么时候来的韩国。

3. -(으)라고 하다

转达命令句时用"-(으)라고 하다"。转述表示婉转请求别人做某事的句子时,使用"아/어/여 달라고 하다"来转述。

例如:

(1) 수미: "내일 아침 8시까지 오십시오."
    →수미 씨가 내일 아침 8시까지 오라고 했습니다.
—秀美说: "最晚明早8点到吧。"
    →秀美说最晚明早8点到。

(2) 선주: "홍단 씨, 우리 집에 놀러 오세요."
    →선주 씨가 나한테 자기 집에 놀러 오라고 했습니다.
—善珠说: "洪丹,来我家玩吧。"
    →善珠说要我到她家去玩。

(3) 선생님: "큰 소리로 책을 읽어 주십시오."
    →선생님이 큰 소리로 책을 읽어 달라고 하셨습니다.
—老师说: "请大声读书。"
    →老师要我们大声读书。

4. -자고 하다

在转达共动句时用"-자고 하다"。

例如:

(1) 수미: "오후에 영화 보러 갑시다."
    →수미 씨가 오후에 영화를 보러 가자고 했습니다.
—秀美说: "下午一起去看电影吧。"
    →秀美要我下午和她一起去看电影。

(2) 세민: "점심에 칼국수를 먹자."
    →세민 씨가 점심에 칼국수를 먹자고 합니다.
—世民说: "中午吃切面吧。"
    →世民建议中午吃切面。

(3) 왕단: "차를 마시면서 이야기를 하자."
→ 왕단 씨가 차를 마시면서 이야기하자고 했습니다.
—王丹说:"边喝茶边谈吧。"
→ 王丹建议边喝茶边谈。

(4) 홍단: "토요일 오후에 친구들을 초대합시다."
→ 홍단 씨가 토요일 오후에 친구들을 초대하자고 했습니다.
—洪丹说:"星期六下午招待朋友吧。"
→ 洪丹说星期六下午招待朋友。

(5) 문수: "오늘은 술을 마시지 말자."
→ 문수 씨가 오늘은 술을 마시지 말자고 합니다.
—文洙说:"今天不喝酒了吧。"
→ 文洙建议今天别喝酒。

(6) 홍단: "제주도에 가지 말고 설악산에 갑시다."
→ 홍단 씨가 제주도에 가지 말고 설악산에 가자고 합니다.
—洪丹说:"不要去济州岛,一起去雪岳山吧。"
→ 洪丹说不要去济州岛,要一起去雪岳山。

四、练习

1. 将下列句子改为间接引语。

(1) 정선: "우리 어머니는 동물을 기르는 것을 아주 좋아하세요."
→ _____

(2) 텔레비전: "오늘 오후 바람이 많이 불 겁니다."
→ _____

(3) 진수: "몸살이 났습니다."
→ _____

(4) 왕단: "한국음식이 아주 맛있습니다."
→ _____

(5) 문수: "오늘이 제 생일입니다."
→ _____

(6) 수미: "여행을 가고 싶습니다."
→ _____

(7) 종호: "어제는 친구들하고 밤새도록 술을 마셨습니다."
→ _____

(8) 라디오 뉴스: "경부 고속도로에서 큰 사고가 나서 사람이 9명이 죽었습니다."
→ _____

(9) 선주: "저 다음 달 17일에 결혼해요."
→ _____

(10) 영수: "제가 내일 전화하겠습니다."
→ _____

(11) 선주: "여기서 담배를 피우면 안 됩니다."
→ _____

(12) 영수: "나 어제 선미 씨한테서 선물을 받았어."
→ _____

2. 将下列疑问句改为间接引语。

(1) 정선: "어디에 사십니까?"
→ _____

(2) 홍단: "오늘 오후에 시간이 있습니까?"
→ _____

(3) 진수: "밤 9시쯤 전화해도 되겠습니까?"
→ _____

(4) 왕단: "무슨 음식을 좋아하십니까?"
→ _____

(5) 문수: "무슨 음식을 드실래요?"
→ _____

(6) 수미: "언제 한국에 오셨습니까?"
→ _____

(7) 종호: "까만 양복을 입고 있는 사람이 누구입니까?"
→ _____

(8) 경희: "특별한 버릇이 있습니까?"
→ _____

(9) 선주: "우리 집 전화번호를 아십니까?"
→ _____

(10) 영수: "이상현 선생님께서 돌아가셨다는 소식을 들으셨습니까?"
→ _____

3. 将下列句子改为间接引语。

(1) 사장님: "내일까지 이 일을 끝내십시오."
→ _____

(2) 선생님: "다음주 월요일에 시험이 있으니까 열심히 공부하십시오."
→ _____

(3) 진수: "이 책은 너무 어려우니까 지금 읽지 마십시오."
→ _____

(4) 왕단: "금요일 저녁 8시에 하는 드라마가 아주 재미있으니까 꼭 봐."
→ _____

(5) 문수: "선영 씨, 그 사람을 만나지 마세요."
→ _____

(6) 수미: "가지 말고 여기 앉아서 잠깐만 기다려."
→ _____

(7) 종호: "제주도에 도착하면 바로 전화해."
→ _____

(8) 경희: "이사하는 것을 도와줘야 하니까 그 옷을 벗고 편한 옷을 입어."
→ _____

4. 将下列句子改为间接引语。

(1) 정선: "버스에 사람이 많으니까 택시를 타고 갑시다."
→ _____

(2) 홍단: "왕단 씨가 꽃을 좋아해요. 그러니까 꽃을 사 줍시다."
→ _____

(3) 진수: "이야기하고 나서 탁구를 칩시다."
→ _____

(4) 문수: "졸업한 후에 같이 사업을 하자."
→ _____

(5) 왕단: "부모가 없는 아이들을 돕자."
→ _____

(6) 수미: "방송국에 항의 편지를 보냅시다."

→ _____

5. 用间接引语的方式就下列内容进行对话。

　　(1) 김용민 씨가 무척 아프다. 나으려면 빨리 수술을 받아야 한다. 그렇지만 김용민 씨는 집이 가난해서 수술을 받을 돈이 없다. 이 이야기를 들은 친구들이 "용민 씨를 도웁시다."라고 했다.

　　(2) 오늘 새벽에 동대문 근처에 있는 시장에서 불이 났다. 근처를 청소하던 사람이 처음 불을 발견하고 소방서에 신고를 했다. 불은 가게 10여 채를 태우고 꺼졌다. 그러나 다행히 아직 시장에서 장사할 시간이 아니었기 때문에 죽거나 다친 사람은 없었다.

　　(3) 한국 사람은 성격이 좀 급하다. 그래서 한국에 가면 자주 듣는 말이 "빨리빨리"다. 식당에 가면 "음식을 빨리 주세요."라는 말을 자주 듣는다. 어떤 사람은 "음식이 왜 이렇게 안 나와요?"하고 화를 내기도 한다. 그렇지만 나는 한국 사람들의 급한 성격이 나쁘다고만 생각하지 않는다. 일을 빨리 하려는 급한 성격이 있었기 때문에 한국이 빠르게 발전했다고 생각한다.

6. 请将下面对话改为短文，注意间接引语的用法。

박효수: 여보세요. 이원영 씨 집이지요?
이원영: 제가 이원영인데요. 실례지만 누구십니까?
박효수: 원영아, 나 효수야.
이원영: 어, 오랜만이다. 효수 네가 웬일이니?
박효수: 다른 게 아니라 초등학교 동창들이 다음주 일요일에 만나자고 해서 전화했어. 오후 세 시에 우리가 늘 만나는 생맥주집에서 만나자고 하는데, 나올 수 있니?
이원영: 누구누구 온대?
박효주: 순신이, 시정이, 준식이, 운도가 온다고 했어. 병환이는 집에 일이 있어서 못 나온대. 참, 운도가 오랫동안 너를 못 봤다고 꼭 나오라고 하더라.
이원영: 알았어. 꼭 갈게. 그때 보자.

7. 写作练习。请使用间接引语叙述生活中的一件趣事。

8. 将下列句子译成韩文。

(1) 秀珍说她明天去商店。

(2) 秀美问我是否去过学校。

(3) 世民要我给他买本词典。

(4) 善珠说晚上一起去喝啤酒。

(5) 文洙要我去他家玩。

(6) 洪丹说她下个学期要开始学习日语。

(7) 高中同窗问我,大学生活是否过得愉快。

(8) 王丹说她刚到韩国的时候,吃不了韩国的泡菜。

(9) 王龙说明年夏天准备和同学们一起去旅游。

(10) 文洙在学习,刚才说让咱们安静一些。

五、补充单词

가난하다 (形) 艰难,贫穷	기르다 (他) 养,培养
꺼지다 (自) 熄灭	발전하다 (自) 发展
버릇 (名) 习惯,习气	세탁기 (名) 洗衣机
소식 (名) 消息	수술을 받다 (词组) 做手术
옮기다 (他) 搬	죽다 (自) 死
탁구를 치다 (词组) 打乒乓球	특별하다 (形) 特别
항의 (名) 抗议	태산 (名) 泰山

俗语

갈수록 태산.

这句话的字面意思是:越走越是泰山。指境遇越来越困难。

第14课 买东西 2 물건 사기 2

一、课文

(1)

홍 단: 저기요, 저 핸드폰은 얼마예요?
점 원: 70만 원입니다. 할부도 가능해요.
홍 단: 왜 이렇게 비싸요?
점 원: 비싸기는요. 새로 나온 모델인데 싸게 파는 거예요. 둘러보시고 여기보다 더 싼 가게가 있는지 찾아보세요.
홍 단: 이 핸드폰은 얼마인가요?
점 원: 60만 원이에요.
홍 단: 고민되네요. 이 핸드폰이 더 이쁘기는 한데, 저쪽 제품의 기능들이 마음에 더 드네요.
점 원: 이 모델은 어떠세요? 가격도 좀 더 싸고 기능도 좋아요. 요새 인기있는 제품이에요.
홍 단: 일단 좀 더 둘러보고 올게요.

(2)

점　원: 어서 오세요. 어떤 구두를 찾으세요?

왕　룡: 편하게 신을 수 있는 까만 구두를 사려고 하는데요.

점　원: 이런 끈을 매는 구두는 어떠세요?

왕　룡: 그런 구두는 신고 벗기가 힘들어서 싫어요. 끈이 없는 것을 보여 주세요.

점　원: 그럼 이런 장식이 달린 것은 어떻습니까? 요즘 유행하는 종류인데요.

왕　룡: 근데 제 취향은 아니네요. 장식이 있는 것 말고 좀 단순한 모양은 없어요?

점　원: 그럼 이쪽으로 와서 한번 보시겠어요?

(잠시 후)

왕　룡: 이 구두가 마음에 드는데, 신어 봐도 돼요?

점　원: 그럼요. 발 치수가 어떻게 되시죠?

(3)

　　왕룡 씨는 한국에 와서 여섯 달 동안 기숙사에서 살았습니다. 기숙사에서 다른 나라에서 온 학생들을 많이 사귀었기 때문에 기숙사 생활은 재미있었지만, 학교에서 주로 지내다 보니 한국을 알 기회가 적었습니다. 그래서 왕룡 씨는 학교 근처에 방을 구해 자취를 하기로 하였습니다.

　　짐을 옮긴 왕룡 씨는 필요한 물건의 이름들을 적어 보았습니다. 냄비, 프라이팬, 밥그릇, 국그릇, 접시, 수저, 주전자, 컵 등이 필요했습니다. 왕룡 씨는 그릇 가게에 가서 품질이 좋은 물건을 골랐습니다. 다른 것들은 별로 비싸지 않았지만 밥솥이 비쌌습니다. 그렇지만 왕룡 씨가 유학생이라는 것을 알고는 주인이 값을 많이 깎아 주었습니다.

자취（名）自己做饭的租房方式	고르다（他）挑选
끈을 매다（词组）系带子	냄비（名）锅
단순하다（形）单纯	둘러보다（他）环视，环顾
모델（名）模特，款式	유행하다（自）流行
인기있다（词组）有人气的，受欢迎的	장식이 달리다（词组）有装饰，带花样
적다（形）少的	접시（名）碟子

종류 (名) 种类	주전자 (名) 水壶
취향 (名) 志趣	치수 (名) 尺寸
컵 (名) 杯子	프라이팬 (名) 煎锅
할부 (名) 分期付款	

【发音】

것 말고 → [건말고]　　　　치수 → [치쑤]

三、基本语法

1. -어치

用于表示金额后面，表示与该金额相当的物品数量。

例如：

(1) ㄱ: 콩나물을 얼마나 드릴까요?　要多少钱的豆芽？

ㄴ: 천 원어치 주십시오.　要1千韩元的。

(2) ㄱ: 문수 씨 집에 빈손으로 갔습니까?　空手去了文洙家吗？

ㄴ: 아닙니다. 딸기를 삼천 원어치 사 가지고 갔습니다.

不，买了3千韩元的草莓带着去的。

(3) ㄱ: 사과를 얼마나 드릴까요?　您要多少苹果？

ㄴ: 천 원짜리로 오천 원어치 주십시오.

1千韩元一个的那种，来5千韩元的吧。

(4) ㄱ: 이 귤 얼마치입니까?　这些橘子是多少钱的？

ㄴ: 이천 원어치인데요.　2千韩元的。

2. 数量名词

除了第一册出现的"명 (사람), 개, 번, 달, 시, 살, 장, 원, 년, 월, 일, 분"之外，还有以下量词与数词一起使用，表示事物的数量。

ㄱ) 与汉字数词一起使用的：

초 秒（时间）　　　　세 岁（年龄）

ㄴ) 与固有数词一起使用的：

송이 朵（花、葡萄）　　　다발 束（花束）

그루 棵、株（树木）　　　단 捆（蔬菜）

켤레 双（袜子、鞋）　　　　　　근 斤（肉、蔬菜、水果等）
대 辆（汽车）　　　　　　　　　채 间、房、座、幢（房子）
봉지 包（点心）　　　　　　　　벌 件、套（衣服）
갑 盒　　　　　　　　　　　　　편 部（电影）

例如：

(1) 물속에 몇 초 동안 있을 수 있어요?
　　能在水中待几秒钟呢?

(2) 생일날 남자 친구한테서 장미꽃 스무 송이를 받았습니다.
　　过生日的时候，收到了男朋友送的20朵玫瑰。

(3) 이 장미꽃은 한 다발에 얼마입니까?
　　这玫瑰花多少钱一束?

(4) 기숙사의 제 방 앞에는 소나무가 두 그루 서 있습니다.
　　我的宿舍房前挺立着两棵松树。

(5) 한국에서 제일 비싼 자동차는 한 대에 얼마입니까?
　　韩国最贵的汽车，多少钱一辆呢?

(6) 자금성 안에는 구백여 채의 건물이 있다고 합니다.
　　据说紫禁城里面有九百多幢建筑物。

(7) 시장에 가서 소고기 한 근하고 파 한 단만 사 와.
　　去市场买回一斤牛肉和一捆葱。

(8) 오래간만에 시내에 나왔으니까 영화를 한 편 보고 집에 갑시다.
　　这么久没进城了，既然来了，就看场电影之后再回家吧。

3. -기는요

用于口语，置于动词、形容词词干之后，表示对对方所说内容的一种否定。

例如：

(1) ㄱ: 물건이 너무 비쌉니다. 东西太贵了。
　　ㄴ: 비싸기는요. 아주 싸게 파는 겁니다. 这还算贵啊? 卖得很便宜了。

(2) ㄱ: 음식이 맛이 없지요? 饭菜很不好吃吧?
　　ㄴ: 맛이 없기는요. 아주 맛있게 먹고 있습니다.
　　　　说哪儿的话。我吃得很香。

(3) ㄱ: 남편이 집에 일찍 들어오지요? 你丈夫回来得早吗?
　　ㄴ: 일찍 들어오기는요. 매일 술을 마시고 늦게 들어와요.
　　　　早什么呀，每天都是喝完酒才回来，回来得很晚。

(4) ㄱ: 한국말 공부하는 것이 힘들지요? 学韩国语很累吧?

ㄴ: 힘들기는요. 재미있어요. 不累，挺有意思的。

(5) ㄱ: 문수 씨, 한국말이 많이 늘었지요?

文洙，你的韩国语大有进步了吧?

ㄴ: 많이 늘기는요. 아직 조금밖에 못해요.

进步什么呀，还是只会一点点。

(6) ㄱ: 세민 씨 오늘도 늦게 왔지요? 世民今天也来晚了吧?

ㄴ: 늦게 오기는요. 오늘은 제일 먼저 왔어요.

没有，今天他来得最早。

4. -에

用于名词后，表示数量的基准。

例如：

(1) ㄱ: 이 카세트 테이프는 얼마입니까? 这种磁带怎么卖?

ㄴ: 한 개에 천오백 원입니다. 一盘一千五百韩元。

(2) ㄱ: 이 귤은 얼마입니까? 这桔子怎么卖?

ㄴ: 세 개에 천 원입니다. 一千韩元三个。

(3) ㄱ: 매일 수영하러 갑니까? 每天都去游泳吗?

ㄴ: 아니요, 일주일에 두 번 갑니다. 不，一星期去两次。

(4) ㄱ: 왕단 씨, 하루에 몇 잔 정도 차를 마십니까?

王丹，你一天喝几杯茶?

ㄴ: 하루에 열 잔 정도 마십니다. 一天喝十杯左右。

(5) ㄱ: 이 장미꽃은 한 다발에 얼마입니까? 这玫瑰花一束多少钱?

ㄴ: 오천 원입니다. 五千韩元。

(6) ㄱ: 문수 씨, 가족들에게 편지를 자주 씁니까?

文洙，你常给家写信吗?

ㄴ: 한 달에 두세 번 씁니다. 一个月两三次。

5. "르" 不规则变形

词干末音节是"르"的大部分动词、形容词与元音相连时，"르"发生特殊变化。

例如：

모르다 : 모르 + 아요 → 몰라요

아서 → 몰라서

　　　　　　　　　았어요　→ 몰랐어요

　기르다 : 기르 + 어요　→ 길러요

　　　　　　　　　어서　→ 길러서

　　　　　　　　　었어요　→ 길렀어요

属于这一类的词还有：

　　다르다, 고르다, 부르다, 자르다, 마르다, 빠르다, 흐르다, 게으르다

四、练习

1. 用"-짜리"和"-어치"填空。

   (1) 어느 사과로 드릴까요? 천 원_____와 팔백 원_____가 있는데요.
   (2) 딸기 오천 원_____주십시오.
   (3) 이 가방 아주 비싸 보이지요? 그렇지만 5천 원_____예요.
   (4) 아이들이 좋아하는 과자를 오천 원_____봉지에 담아 주십시오.
   (5) 100원_____동전이 있으면 두 개만 빌려 주십시오.
   (6) 만두를 이천 원_____ 사 오십시오.

2. 仿照例句，用"-기는요"及下列词语进行对话。

   例如： 일어나는 시간

   　　ㄱ: 왕룽 씨는 아침에 일찍 일어나지요?
   　　ㄴ: 일찍 일어나기는요. 저는 잠이 많아서 아침에 일어나는 것이 아주 힘들어요.
   　　ㄱ: 밤에 몇 시에 자는데요?
   　　ㄴ: 11 시쯤 자요.

   (1) 두 사람이 알고 있는 친구
   (2) 고향
   (3) 가족
   (4) 취미

3. 선词填空。

　　　다르다　　모르다　　고르다　　부르다　　자르다
　　　기르다　　마르다　　빠르다　　흐르다　　게으르다

(1) 나는 어제 머리를 _____ 미용실에 갔습니다.

(2) 나는 어제 친구들과 노래방에 갔습니다. 거기서 요즘 유행하는 한국 노래를 _____.

(3) 우리 집에서는 얼마 전까지 개를 _____. 그런데 두 달 전에 병에 걸려 죽었습니다.

(4) 그동안 아팠습니까? 몸이 많이 _____.

(5) 저는 아주 _____ 아침에 일찍 일어나기가 힘듭니다.

(6) 저 사람들은 쌍둥이인데 얼굴이 아주 _____.

4. 会话练习。叙述最近一次购物的经历。

5. 写作练习。写一篇短文，讲述自己属于何种消费类型。

6. 将下列句子译成韩文。

（1）韩国牛肉太贵了，我今天只买了1万韩元的量。

（2）这种苹果1斤多少钱？

（3）我每月给家里写一封信。

（4）那家店的手机，每一部大概在85万韩元左右。

（5）我爸爸每天要抽三盒烟。他要是把烟戒掉就好了。

（6）善珠家养了一只猫和一条狗。

（7）这些橘子是你挑的吗？

（8）我弟弟太懒了，从来不清理他的房间。

（9）我第一次来北京，北京的气候真好啊！

　　——并非如此，北京的夏天非常炎热的。

（10）文洙，你的英语说得真好。

　　——好什么呀？王龙说得比我更好。

五、补充单词

게으르다（形）懒	기회（名）机会
마르다（自）晒干，干	소나무（名）松树
흐르다（自）流	비지떡（名）豆渣饼

俗语

싼 게 비지떡.

这句话的字面意思是：便宜的就是豆渣饼。类似于汉语的"便宜没好货"，"一分钱，一分货"。

第15课 颐和园 이화원

一、课文

(1)

지 영: 홍단 씨, 저는 북경이 참 마음에 들어요. 정말 북경은 역사가 그대로 살아 숨 쉬는 도시인 것 같아요.

홍 단: 그래요? 지영 씨가 우리 북경을 좋아하니까 저도 기분이 좋군요. 다음에는 우리 이화원으로 갑시다.

지 영: 이화원이요? 여기서 멀지 않아요?

홍 단: 하나도 멀지 않아요. 이곳 천안문 광장에서 북쪽으로 약 15킬로미터만 더 가면 됩니다.

지 영: 이화원은 어떤 곳이에요?

홍 단: 이화원은 1153년 금나라 때 세워진 중국 최대의 황실정원이에요. 아마 북경에서 가장 볼 만한 곳이라고 생각해요.

(이화원에서)

홍 단: 여기가 바로 이화원이에요.

지 영: 정말 아름다워요. 특히 저 호수가 인상적이네요.

홍 단: 곤명호라고 합니다. 곤명호는 인공호수예요.

지 영: 저렇게 넓은 호수를 인공으로 만든 건가요? 저는 당연히 자연호수라고 생각했어요.

홍 단: 사람의 손으로 만든 거예요. 이 곤명호가 이화원의 4분의 3을 차지하고 있어요.
지 영: 정말 중국 명승고적의 규모는 상상을 뛰어넘는 것 같아요. 저기 저 산은 무엇인가요?
홍 단: 저 산은 만수산이라고 합니다. 한 번 올라가 봅시다. 이화원에 오면 계단을 오르기가 힘들어도 꼭 저 만수산에 올라가 봐야 해요. 만수산에서 보는 경치가 정말 아름답거든요.

(2)

이화원은 중국 최대의 황실 화원이다. 북경의 천안문 광장에서 북쪽으로 15킬로미터 거리에 있는 이화원은 1153년 금나라 때 지어졌다. 이화원은 크게 곤명호와 만수산으로 구성되어 있다. 곤명호는 이화원 총 면적의 4분의 3을 차지한다. 곤명호는 사람을 동원하여 바닥을 파낸 인공 호수이며, 여기서 파낸 흙은 만수산을 쌓는데 쓰여졌다. 만수산에서 바라보는 이화원의 경치는 특히 아름답다.

이화원은 중국 근대사의 아픔을 간직한 장소이다. 1860년 영국과 프랑스 군의 침략 때문에 이화원의 청기원과 원명원이 불에 탔다. 그 후 1886년 서태후가 다시 이곳을 재건축하고 '이화원'이라고 부르기 시작했다. 하지만 원명원은 여전히 남아 있다.

이화원은 1914년에 처음 일반인들에게 개방되기 시작했다. 현재 이화원은 중국에서 빼놓을 수 없는 중요한 관광지이며, 세계 중요 문화 유산에도 등록되어 있다.

二、单词

개방되다 (自) 开放	곤명호 (名) 昆明湖
광장 (名) 广场	금나라 (名) 金代，金国
동원하다 (他) 动员，调动	만수산 (名) 万寿山
바닥 (名) 底，表面	북쪽 (名) 北方
빼놓다 (他) 漏掉，除去	4분의 3 (词组) 四分之三
서태후 (名) 西太后，慈禧太后	세워지다 (自) 建成
숨쉬다 (词组) 呼吸	약 (副) 大约
원명원 (名) 圆明园	이화원 (名) 颐和园
인공 (名) 人工	인공호수 (名) 人工湖
일반인 (名) 普通人	재건축하다 (他) 重建

정원 (名) 庭院	차지하다 (他) 占，占据
침략 (名) 侵略	청기원 (名) 清漪园
하지만 (副) 可是，但是	황실 (名) 皇室

【发音】

넓은 → [널븐]

三、基本语法

1. 하나도 없다/안/못/모르다

"하나도"与"없다, 안, 못, 모르다"等相连，表示完全否定。

例如：

(1) ㄱ: 한국의 노래 '아리랑'을 알아요?　你会唱韩国歌曲"阿里郎"吗？

　　ㄴ: 저는 한국 노래는 하나도 몰라요.　韩国歌我一首也不会唱。

(2) ㄱ: 한국 친구가 있으면 한국말을 빨리 배울 수 있을 거예요.
　　　　如果有韩国朋友的话，学韩国语会快得多。

　　ㄴ: 한국에 온 지 한 달밖에 안 되어서 아직 한국 친구가 하나도 없어요.
　　　　来韩国还不到一个月，一个韩国朋友也没有。

(3) ㄱ: 저 영화가 재미있어요?　那部电影有意思吗？

　　ㄴ: 하나도 재미없어요. 그러니까 보지 마세요.
　　　　一点意思也没有，别看了。

(4) ㄱ: 시험공부 많이 했어요?　考试准备的怎么样？

　　ㄴ: 어제 중국에서 친구가 와서 하나도 못했어요.
　　　　昨天有朋友从中国来，所以一点也没做准备。

(5) ㄱ: 오늘 장사 어때요?　今天买卖怎么样？

　　ㄴ: 잘 안돼요. 손님이 하나도 없어요.　不太好，一个客人也没有。

(6) ㄱ: 지금 돈 좀 빌려 줄 수 있습니까?　现在能借点钱给我吗？

　　ㄴ: 미안해요. 지금 돈이 하나도 없어요.　对不起，现在一点钱也没有。

2. -(으)면 되다

用于动词、形容词词干后，表示"……的话，就可以（就行）"。

例如：

(1) ㄱ: 우체국이 어디에 있습니까? 邮局在哪儿？
    ㄴ: 왼쪽으로 가면 됩니다. 往左一拐就到了。
(2) ㄱ: 이 일은 언제까지 하면 됩니까? 这件事儿什么时候完成好呢？
    ㄴ: 이번 주 금요일까지 해 주시면 됩니다. 本周五之前完成就行了。
(3) ㄱ: 멀미가 납니다. 부산까지 아직 멀었습니까?
       我有点晕车，离釜山还有多远？
    ㄴ: 조금만 더 가시면 됩니다. 再过一会儿就到了。
(4) ㄱ: 홍단 씨, 많이 아픈 것 같아요. 병원에 가 보세요.
       洪丹，你好像病得很厉害，去医院看看吧。
    ㄴ: 아닙니다. 조금만 앉아서 쉬면 됩니다.
       不用，坐下休息一会儿就好了。
(5) ㄱ: 내일 몇 시까지 공항에 나가면 됩니까? 明天几点去机场合适？
    ㄴ: 아침 9시 비행기입니다. 그러니까 8시까지 오시면 됩니다.
       早晨9点的飞机，所以8点之前到就行。
(6) ㄱ: 이 컵라면은 어떻게 먹는 겁니까? 这个杯面怎么吃？
    ㄴ: 뜨거운 물을 붓고 3분만 기다리면 됩니다.
       倒上开水后等3分钟就行。

3. -(으)ㄹ 만하다

用于动词词干后，表示"值得……"。

例如：

(1) ㄱ: 세민 씨한테 이 이야기를 해도 돼요? 这事儿告诉世民可以吗？
    ㄴ: 네, 세민 씨는 믿을 만한 사람이니까 괜찮아요.
       可以，世民是信得过的人，没问题。
(2) ㄱ: 이 집 음식이 어떻습니까? 这家餐馆的饭菜如何？
    ㄴ: 네, 먹을 만합니다. 可以，值得一吃。
(3) ㄱ: 이 책이 재미있습니까? 这本书有意思吗？
    ㄴ: 한번 읽어 보십시오. 정말 읽을 만한 책입니다.
       读读看，真是值得一读的书。
(4) ㄱ: 요즘 볼 만한 영화가 없습니까? 最近有什么可看的电影？
    ㄴ: '박물관이 살아있다Ⅲ'를 보세요. 정말 괜찮은 영화입니다.
       看《博物馆奇妙夜3》吧，真是很不错。

(5) ㄱ: 백화점에 가서 왜 그냥 왔어요? 去了百货商店怎么空手回来呢?

ㄴ: 아무리 봐도 살 만한 물건이 없어요. 怎么看也没有可买的东西。

(6) ㄱ: 서울에서 가 볼 만한 곳이 어디입니까?
首尔值得一去的地方是哪儿?

ㄴ: 인사동에 한번 가 보세요. 볼 만한 것들이 많이 있어요.
去仁寺洞看看，有许多值得一看的东西。

4. -아/어/여도

用于动词词干后，表示让步。经常同"아무리"连用。

例如:

(1) ㄱ: 내일 비가 올 거예요. 明天可能下雨。

ㄴ: 비가 와도 여행을 갈 겁니다. 下雨也要去旅行。

(2) ㄱ: 이 노래는 아무리 많이 들어도 싫증이 안 나요.
这首歌百听不厌。

ㄴ: 이 노래는 저도 좋아해요. 我也喜欢这首歌。

(3) ㄱ: 나는 아무리 많이 먹어도 살이 찌지 않아요.
我就是吃得再多也不胖。

ㄴ: 참 좋겠어요. 나는 조금만 먹어도 금방 살이 쪄요.
多好呀，我是吃一点就胖。

(4) ㄱ: 내일 저희 집에서 파티가 있어요. 바쁘셔도 꼭 오셔야 해요.
明天我们家有聚会。再忙也一定要来呀。

ㄴ: 알겠습니다. 知道了。

(5) ㄱ: 세민 씨가 운동을 잘합니까? 世民擅长运动吗?

ㄴ: 그럼요, 키는 작아도 운동을 참 잘합니다.
当然，他个子虽小，却很擅长运动。

(6) ㄱ: 오늘은 토요일이니까 일찍 집에 들어오세요.
今天是星期六，就早点回家吧。

ㄴ: 미안해요. 오늘은 토요일이라도 야근이 있어요.
对不起，今天虽然是星期六，也要上夜班。

5. -거든요

用于动词或形容词词干后，强调事情的原因、理由。

例如：

(1) ㄱ: 서둘러서 빨리 나갑시다. 퇴근시간에는 길이 많이 막히거든요.
快点走吧。下班时间，路堵得很厉害。

ㄴ: 그럽시다.　好。

(2) ㄱ: 왜 또 늦게 왔어요?　为什么又来晚了?

ㄴ: 어제 술을 마셔서 늦게 잤거든요.　昨天喝酒睡得很晚。

(3) ㄱ: 내일은 시간이 없습니까?　明天没有时间吗?

ㄴ: 네, 내일은 온종일 수업이 있거든요.　是的，明天一整天都有课。

(4) ㄱ: 홍단 씨는 왜 등산을 안 갔어요?　洪丹为什么没去爬山?

ㄴ: 다음주에 시험이 있거든요.　下周有考试。

(5) ㄱ: 왕룽 씨도 이 과목을 듣습니까?　王龙，你也听这门课吗?

ㄴ: 네, 사실은 지난 학기에 이 과목을 낙제했거든요.
是的，去年这门课没有及格。

(6) ㄱ: 집에 안 들어가고 여기에서 뭘 합니까?　不进屋在这儿做什么?

ㄴ: 어머니를 기다려요. 열쇠를 잃어버렸거든요.
在等妈妈，我的钥匙丢了。

四、练习

1. 仿照例句填空。

例如：ㄱ: 수영을 잘합니까?

ㄴ: 아니요, 하나도 못합니다.

(1) ㄱ: 한국어를 잘 합니까?

ㄴ: 아니요, _____.

(2) ㄱ: 민호 씨 여자 친구가 예쁘지요?

ㄴ: 아니요, _____.

(3) ㄱ: 이 책이 재미있습니까?

ㄴ: 아니요, _____.

(4) ㄱ: 한국에 아는 사람이 많습니까?

ㄴ: 아니요, _____.

(5) ㄱ: 오늘 바쁩니까?

ㄴ: 아니요, _____.

(6) ㄱ: 시험 문제가 어려웠습니까?

　　ㄴ: 아니요, _____.

2. 在下列情况下应该怎么办？用"-(으)면 되다"说说你的办法。

　(1) 날씨가 너무 더워서 잠이 안 옵니다.

　(2) 열쇠를 잃어버려서 집에 들어갈 수가 없습니다.

　(3) 시험이 9시에 있는데 8시 40분에 일어났습니다.

　(4) 배가 고픈데 먹을 것이 없습니다.

　(5) 지갑을 잃어버려서 지금 돈이 하나도 없습니다.

　(6) 한국 인천공항에 도착했는데 친구가 나오지 않았습니다. 그리고 한국말을 모릅니다.

3. 用"-(으)ㄹ 만하다"向外国朋友介绍，来中国"值得看、值得吃、值得买的东西"，并用"-거든요"说明理由。

4. 用"-아/어/여도"完成下面句子。

　(1) 아무리 아파도 _____.

　(2) 열심히 공부해도 _____.

　(3) 저는 아무리 많이 먹어도 _____.

　(4) 내일은 휴일이라도 _____.

　(5) _____ 꼭 모임에 나가겠습니다.

　(6) _____ 술이 안 취하네요.

5. 仿照下列例句，用"-거든요"完成下列句子。

　例如： 시험을 잘 봤어요.
　　　　<u>공부를 많이 했거든요.</u>

　(1) 늦었어요.

　　　_____.

　(2) 오늘은 기분이 좋아요.

　　　_____.

　(3) 시험에 떨어졌어요.

　　　_____.

　(4) 술을 많이 마셨어요.

　　　_____.

(5) 지금 길이 많이 막힐 겁니다.
　　_____.

(6) 배가 많이 고파요.
　　_____.

6. 会话练习。 查找有关圆明园或者是承德避暑山庄(승덕, 피서산장)的资料，用韩国语简单介绍。

7. 写作练习。 写一篇和外国或外地朋友出游的经历。

8. 将下列句子译成韩文。

(1) 那些学生我一个也不认识。

(2) 对我来说，韩国菜一点儿都不辣，我很喜欢吃。

(3) 骑车五分钟就到那家商店了。

(4) 明天不必直接过来，打一个电话给我就行了。

(5) 每周六晚上播放的电视剧真值得一看。

(6) 他是一个值得结交的朋友。

(7) 我怎么说他也不信。

(8) 不管有多忙，也要经常跟好友联系。

(9) 昨天为什么没来？
　　——昨天我病了。

(10) 韩国语怎么说得这么好呢？
　　——每天都在努力地学习。

五、补充单词

기념품(名)纪念品	낙제하다(自)留级,蹲班,不及格
멀미가 나다(词组)晕(车,机)	
붓다(他)倒	상품(名)商品
싫증이 나다(词组)厌烦	취하다(自)醉
휴일(名)休息日	낫(名)镰刀

俗语

낫 놓고 기역자도 모른다.

这句话的字面意思是:(形似韩国语字母"ㄱ")镰刀放在面前也想不出字母"ㄱ"来。类似于汉语的"目不识丁"。

第16课 银行 은행

一、课文

(1)

은행원: 어서 오십시오.

지 영: 달러를 한국 돈으로 바꾸려고 왔습니다.

은행원: 오늘 환율은 1달러에 1,200원입니다. 얼마나 바꾸려고 하시죠?

지 영: 400달러입니다.

은행원: 현금, 수표 중에서 어떤 것으로 드릴까요? 계좌에 바로 입금도 가능합니다.

지 영: 40만 원은 10만 원짜리 수표로 주시고 나머지는 현금으로 주세요.

은행원: 잠깐 기다리세요. 수수료는 천 원입니다.

지 영: 새로운 계좌도 하나 개설하고 싶은데, 혹시 여기서 같이 해 주실 수 있어요?

은행원: 죄송하지만 여기에서는 환전만 담당하고 있습니다. 계좌 개설은 옆 창구에서 하실 수 있습니다.

지 영: 알겠습니다. 감사합니다.

(옆 창구로 이동한 뒤)

지 영: 실례합니다. 통장을 하나 새로 만들고 싶습니다.

은행원: 그러면 여기 서류에다가 이름하고 주소, 그리고 비밀번호를 적어 주십시오.

지　영: 알겠습니다.
은행원: 도장은 준비하셨습니까?
지　영: 네, 여기 있습니다.
은행원: 그러면 여기에다 도장을 좀 찍어 주십시오. 현금 카드도 만들어 드릴까요?
지　영: 네, 그렇게 해 주세요.
은행원: 잠시만 기다려 주십시오.

(잠시후)

은행원: 손님, 여기 통장이 나왔습니다. 현금 카드는 일주일 후에 찾으러 오십시오.
지　영: 오늘부터 사용할 수 있어요?
은행원: 한 시간 후부터 사용이 가능합니다. 혹시 문의사항이 있으시면 언제든지 연락해 주십시오.
지　영: 감사합니다.

(2)

　　금요일이었다. 은행에 돈을 찾으러 갔는데 사람이 너무 많았다. 대기표를 받았는데 158번이었다. 번호판을 보니까 이제 겨우 89번이었다. 시계를 보니 약속 시간은 30분밖에 안 남았다. 늦으면 또 여자 친구가 화를 낼 것 같았다. 그때 갑자기 현금 자동 지급기 생각이 났다. 마침 지갑 안에 현금 카드도 있었다. 그래서 나는 현금 자동 지급기 앞에 줄을 섰다. 10분쯤 기다렸다. 드디어 내 차례가 되어 자동 지급기에 가서 카드를 안에다가 넣었다. 그러나 잠시 후 현금 자동 지급기에서는 돈이 아니라 '지금은 현금이 없어서 사용할 수 없습니다.'라는 안내문만 나왔다. 그래서 할 수 없이 다시 대기표를 받았는데 180번이었다. 아무리 노력해도 약속 시간에 늦을 것 같아 여자친구에게 문자를 보냈다. 여자친구는 화가 가득 담긴 답장을 보내왔다.

二、单词

가득 （副） 满满地	개설하다 （他） 开设，开
계좌 （名） 账户，户头	글자 （名） 字
나머지 （名） 剩余部分	달러 （名） 美元
담기다 （自） 盛，装，带	담당하다 （他） 担当，负责
도장을 찍다 （词组） 盖章	문의사항 （名） 咨询事项

바꾸다 (他) 换	비밀번호 (名) 密码
수수료 (名) 手续费，佣金	수표 (名) 支票
입금 (名) 把钱打入账户	창구 (名) 窗口
통장 (名) 存折	현금 (名) 现金
현금 자동 지급기 (名) 自动取款机	혹시 (名) 或许
화를 내다 (词组) 发火	환율 (名) 汇率

【发音】

그렇게 → [그러케]   문의사항 → [무니사항]

三、基本语法

1. -(으)로

助词"-(으)로"用于名词后，表示变化的对象。

例如：

(1) ㄱ: 공항에서도 달러를 한국 돈으로 바꿀 수 있습니까?
    在机场也可以把美元换成韩元吗？

    ㄴ: 물론입니다. 当然可以了。

(2) ㄱ: 이 천 원짜리를 동전으로 좀 바꿔 주십시오.
    请把这张1000韩元的换成硬币。

    ㄴ: 여기 있습니다. 给您。

(3) ㄱ: 어제 이 서점에서 이 책을 샀는데 여기 한 페이지가 없어요.
    昨天在这家书店买了这本书，可是里面少了一页。

    ㄴ: 미안합니다. 여기 새 책으로 바꿔 드리겠습니다.
    非常抱歉，我给您换本新的。

2. -(으)려고

"-(으)려고"表示意图和计划。"-(으)러"也表示同样意思，但后面只能用"가다, 오다, 떠나다, 다니다"等动词，而"-(으)려고"后面则无此限制。"-(으)려고"不能用于命令句和共动句。

例如：

(1) ㄱ: 어디에 가요?　去哪儿？

ㄴ: 돈을 찾으려고 은행에 가요.　去银行取钱。

(2) ㄱ: 왜 꽃을 샀어요?　为什么买花？

ㄴ: 홍단 씨에게 주려고 샀어요. 오늘이 홍단 씨 생일이에요.
想送给洪丹，今天是她生日。

(3) ㄱ: 50번 버스를 타려고 벌써 20분이나 기다렸는데 버스가 안 와요.
想坐50路车，在这儿等了20分钟了，车还没来。

ㄴ: 오늘 길이 막혀서 그럴 겁니다.　今天可能堵车了。

(4) ㄱ: 왕룽 씨, 어디 있었어요? 연락하려고 여기저기 전화했어요.
王龙，你在哪儿啊？到处打电话找你来着。

ㄴ: 도서관에 있었어요.　我在图书馆。

(5) ㄱ: 왜 그것밖에 안 먹어요?　怎么就吃那些？

ㄴ: 살을 빼려고 요즘 다이어트해요.　最近正在减肥。

(6) ㄱ: 아직 전화 안 했어요?　还没有打电话吗？

ㄴ: 전화를 걸려고 했는데 전화기가 고장났어요.
正要打电话时电话机坏了。

3. -이/가 아니라

"-이/가 아니라"用于名词后面，否定前面的名词而肯定后面的内容。相当于"不是……而是……"。

例如：

(1) ㄱ: 왕단 씨 생일이 오늘입니까?　王丹的生日是今天吗？

ㄴ: 오늘이 아니라 내일이에요.　不是今天，是明天。

(2) ㄱ: 저 사람이 왕룽 씨예요?　他是王龙吗？

ㄴ: 저 사람은 왕룽 씨가 아니라 문수 씨예요.
他不是王龙，是文洙。

(3) ㄱ: 이 책이 세민 씨 겁니까?　这是世民你的书吗？

ㄴ: 이 책은 제게 아니라 지영 씨 겁니다.
这本书不是我的，是志英的。

(4) ㄱ: 또 텔레비전을 보는 겁니까?　又在看电视呢？

ㄴ: 전 지금 텔레비전을 보는 게 아니라 어학 공부하는 거예요.
我现在不是在看电视，而是在学语言。

(5) ㄱ: 술 안 마셔요?　你不喝酒吗?

　　ㄴ: 저는 술을 안 마시는 게 아니라 못 마셔요.
　　　 我不是不喝酒,而是不会喝。

(6) ㄱ: 또 담배를 피워요?　又抽烟了?

　　ㄴ: 지금은 담배를 피우는 게 아니라 생각하고 있는 거예요.
　　　 现在不是在抽烟,而是在思考。

4. -에다(가)

用于名词后表示着落。

例如:

(1) ㄱ: 이 액자는 어디에다 걸까요?　这个画框挂在哪儿?

　　ㄴ: 이쪽 벽에다가 걸어 주세요.　请挂在这边墙上。

(2) ㄱ: 이 바나나를 냉장고에다 넣을까요?　把香蕉放在冰箱里吗?

　　ㄴ: 바나나는 냉장고에 넣으면 안 돼요.　香蕉不能放在冰箱里。

(3) ㄱ: 도서관 책에다가 낙서를 하지 마세요.　不要在图书馆的书上乱写。

　　ㄴ: 주의하겠습니다.　我会注意的。

5. -(이)든지

"-(이)든지"用在"언제, 어디, 무엇, 누구, 어떻게, 어느+ 名词"等疑问词之后,表示包括,相当于汉语的"任何,每个"。前面是开音节时用든지,闭音节时用이든지。

例如:

(1) ㄱ: 언제 가면 될까요?　什么时候去好呢?

　　ㄴ: 언제든지 시간이 나면 오십시오.　不管什么时候,有时间就来吧。

(2) ㄱ: 홍단 씨는 성격이 참 좋은 사람인 것 같아요.
　　　 洪丹的性格好像不错。

　　ㄴ: 그래서 누구든지 홍단 씨를 좋아합니다.　所以人人都喜欢洪丹。

(3) ㄱ: 무슨 음식을 잘 드십니까?　您喜欢吃什么?

　　ㄴ: 무엇이든지 잘 먹어요.　我什么都喜欢吃。

(4) ㄱ: 이 신용카드를 외국에서도 사용할 수 있습니까?
　　　 这个信用卡在国外也能用吗?

　　ㄴ: 물론입니다. 이 카드는 어느 나라에서든지 사용이 가능합니다.
　　　 当然,这个信用卡在任何国家都能使用。

(5) ㄱ: 어디에서 만날까요? 在哪儿见面？

　　ㄴ: 저는 어디든지 좋습니다. 지영 씨가 정하세요.
　　　 我是什么地方都可以，志英你定吧。

(6) ㄱ: 왕룽 씨한테 전화를 했는데 통 연락이 안 돼요.
　　　 给王龙打过电话，可是联系不上。

　　ㄴ: 아주 중요한 일이에요. 어떻게든지 꼭 연락을 해 주세요.
　　　 有很重要的事情，无论如何也得跟他取得联系。

四、练习

1. 用下列助词填空。

　　　　-에서　　　-(으)로　　　-에다(가)

(1) 우리 반_____민호 씨가 제일 노래를 잘합니다.
(2) 이 빵은 무엇_____만들었습니까?
(3) 책을 어디_____놓을까요?
(4) 이 지폐를 동전_____좀 바꿔 주십시오.
(5) 이 서류는 컴퓨터_____작성했습니다.
(6) 돈을 주머니_____넣지 마세요.

2. 仿照例句，用"-(으)려고"完成下面的对话。

　　例如: ㄱ: 왜 동전을 바꿉니까?
　　　　　ㄴ: 버스를 타려고 바꿉니다.

(1) ㄱ: 왜 한국말을 배웁니까?
　　ㄴ: _____.

(2) ㄱ: 왜 한국에 왔습니까?
　　ㄴ: _____.

(3) ㄱ: 왜 운동을 합니까?
　　ㄴ: _____.

(4) ㄱ: 옷을 왜 그렇게 많이 샀어요?
　　ㄴ: _____.

(5) ㄱ: 아까 은행에 왜 갔어요?
　　ㄴ: _____.

(6) ㄱ: 왜 그 친구를 만났어요?
    ㄴ: _____.

3. 仿照例句，完成下列对话。

   例如: ㄱ: 오늘 수요일 맞지요?
         ㄴ: 오늘은 수요일이 아니라 목요일이에요.

   (1) ㄱ: 오늘이 10일입니까?
       ㄴ: _____.
   (2) ㄱ: 왕룽 씨는 한국 사람입니까?
       ㄴ: _____.
   (3) ㄱ: 이 가방 지영 씨 겁니까?
       ㄴ: _____.
   (4) ㄱ: 거기 7331-3000 맞지요?
       ㄴ: _____.
   (5) ㄱ: 다음주에 한국에 갈 겁니까?
       ㄴ: _____.
   (6) ㄱ: 이 꽃을 홍단 씨한테 주는 겁니까?
       ㄴ: _____.

4. 用"-에다가"完成下面的对话。

   (1) ㄱ: 이 책상을 어디에다가 놓을까요?
       ㄴ: _____.
   (2) ㄱ: 고기는 어디에다가 넣을까요?
       ㄴ: _____.
   (3) ㄱ: 이 그림은 어디에다 걸까요?
       ㄴ: _____.
   (4) ㄱ: 서명을 어디에다 해야 합니까?
       ㄴ: _____.
   (5) ㄱ: 제 지갑을 못 봤어요?
       ㄴ: _____.
   (6) ㄱ: 그 돈을 어떻게 할 겁니까?
       ㄴ: _____.

5. 用下列词语填空。

    누구든지   언제든지   어디든지

    무엇이든지   어떻게든지   어느+(명사)든지

(1) ㄱ: 홍단 씨는 재주가 많은 사람인 것 같아요.

  ㄴ: 맞아요. 홍단 씨는 _____못하는 것이 없어요.

(2) ㄱ: 전화해도 됩니까?

  ㄴ: 그럼요. 전화하고 싶으면 _____전화하세요.

(3) ㄱ: 어디에서 만날까요?

  ㄴ: 나는 _____괜찮아요. 왕롱 씨가 편한 곳으로 정하세요.

(4) ㄱ: 내일 꼭 부산에 가야 하는데 표가 없어요.

  ㄴ: 걱정하지 마세요. 내가 _____구해 보겠어요.

(5) ㄱ: 매운 음식을 잘 먹습니까?

  ㄴ: 그럼요. 한국 사람이면 _____매운 음식을 잘 먹어요.

(6) ㄱ: 이 상품권을 다른 도시에서도 사용할 수 있습니까?

  ㄴ: 그럼요. _____다 사용할 수 있습니다.

6. 会话练习。 简单叙述一下在中国办理银行卡时需要哪些手续。

7. 写作练习。 每个人都应该合理支配和使用自己的零花钱。请写一篇短文，叙述一个月生活费的用途。

8. 将下列句子译成韩文。

（1）那部小说已拍成电影了。

（2）我昨天买的裤子回家一试，太短了。今天售货员给我换了一条长的。

（3）我想看话剧，在剧院门口等了半个小时才买到票。

（4）我想毕业以后去韩国留学，所以现在经常向老师咨询。

（5）这个书包不是我的，是昌寿的。

（6）不是我不帮你，是实在帮不了你。

（7）他把东西放在门口就走了。

（8）请把相片存到我的电脑里。

（9）他整天在办公室，什么时候都能找到他。

（10）我的房门总是开着的。

五、补充单词

개구리（名）青蛙	낙서（名）涂鸦，乱画
담배꽁초（名）烟蒂	서명（名）署名
알（名）粒，颗	액자（名）画框，相框
올챙이（名）蝌蚪	재주（名）才能
정하다（他）定，决定	주의하다（他）注意
지폐（名）纸币	통（副）完全，根本
페이지（名）页	자（名）尺

내 코가 석 자.

这句话的字面意思是：我的鼻子三尺长。类似于汉语的"泥菩萨过江自身难保"，"自顾不暇"。

第17课 美容院，理发店 미장원, 이발소

一、课文

(1)

(미장원에서)

미용사: 손님, 이쪽으로 앉으세요.

손 님: 머리 모양을 좀 확 바꾸고 싶은데요.

미용사: 아 그러세요? 짧게 커트하시거나 아니면 웨이브가 들어간 파마는 어떠세요?

손 님: 글쎄요. 어떻게 하는 게 좋을까요?

미용사: 손님에게 긴 머리보다는 짧은 커트 머리가 더 어울릴 것 같아요. 이 사진의 머리 모양은 어떠세요?

손 님: 괜찮네요. 저한테 어울릴 것 같은데요.

미용사: 그러면 머리를 자르는 김에 파마도 하세요. 그러면 손질하기도 좋아요.

(2)

(이발소에서)

이발사: 어서 오세요. 이쪽으로 앉으세요.

손 님: 머리를 좀 잘라 주세요.

이발사: 어떻게 잘라 드릴까요?

손 님: 날씨도 더운데 시원하게 스포츠 머리로 잘라 주세요.

이발사: 어느 정도 길이로 잘라 드릴까요? 옆머리하고 뒷머리는 짧게 자르실 거죠? 앞머리는 세우실 건가요?
손 님: 옆머리와 뒷머리는 짧게 잘라 주시고 앞머리는 조금만 다듬어 주세요. 면도도 좀 해 주시구요.
이발사: 알겠습니다.

(잠시 후)
이발사: 손님, 다 됐습니다. 길이는 마음에 드세요?
손 님: 네, 마음에 듭니다.
이발사: 그러면 저쪽에 가서 머리를 감으시면 됩니다. 수건은 위에 있습니다.

(3)
　사람들은 제 머리를 보고 머리결이 참 좋아 보인다고 말합니다. 그리고 평소에 어떻게 손질하느냐고 묻습니다. 그래서 오늘은 특별히 여러분에게 제 머리 손질법을 가르쳐 드리겠습니다. 우선 나는 절대로 파마를 하지 않습니다. 파마를 하면 머릿결이 많이 상하기 때문입니다. 또 머리를 감을 때는 샴푸 대신에 비누로 감습니다. 그리고 언제나 차가운 물로 머리를 잘 헹굽니다. 이렇게 하면 머릿결이 건강해집니다. 그리고 또 한 가지! 스프레이나 무스는 절대로 사용하지 않습니다. 여러분도 스프레이나 무스의 프레온 가스가 자연환경을 파괴한다는 것을 알고 계십니까? 여러분, 어떻습니까? 여러분도 한번 저처럼 환경도 생각하면서 머릿결도 건강하게 하는 손질법을 해 보시지 않겠습니까?

二、单词

가스（名）煤气，瓦斯	거울（名）镜子
다듬다（他）修理，整理	대신（名）代替
뒷머리（名）后脑勺，后面头发	머리를 감다（词组）洗头
면도（名）刮脸	무스（名）摩丝
미용사（名）美容师	샴푸（名）香波，洗发水
손질하다（他）拾掇，整理	스포츠 머리（名）运动头
스프레이（名）发胶	앞머리（名）头前部，前面头发
옆머리（名）侧面头发	어울리다（自）适合

153

웨이브 (名) 波浪	이발사 (名) 理发师
이발소 (名) 理发店	자연환경 (名) 自然环境
커트하다 (他) 理，剪	특별히 (副) 特别地
파괴 (名) 破坏	파마 (名) 烫发
프레온 (名) 氟利昂	헹구다 (他) 漂洗

【发音】

짧게 → [짤께]　　　　　　　　앉으세요 → [안즈세요]

어떻겠어요 → [어떠케써요]

三、基本语法

1. -는 게 좋겠다

　　用于动词词干之后，对某件事、某个人发出忠告或婉转地表达自己的意见时使用。

例如：

(1) ㄱ: 감기에 걸려서 머리가 아프고 추워요. 感冒了，头疼发冷。

ㄴ: 그러면 오늘은 집에 일찍 가서 푹 쉬는 게 좋겠어요.
那今天最好早点回家，好好休息一下。

(2) ㄱ: 내일 음악회에 가는데 어떤 옷이 좋겠습니까?
明天参加音乐会，穿什么衣服去好呢?

ㄴ: 음악회에 가니까 정장을 입는 게 좋겠어요.
既然是参加音乐会，穿正装比较好。

(3) ㄱ: 저녁 식사하고 가세요. 吃了晚饭再走吧。

ㄴ: 미안해요. 오늘은 일찍 가는 게 좋겠어요.
对不起，今天还是早点儿走为好。

(4) ㄱ: 내일 회의에 꼭 참석해야 합니까? 明天的会议一定要参加吗?

ㄴ: 네, 중요한 회의니까 참석하는 게 좋겠어요.
是的，是个重要的会议，所以还是参加为好。

(5) ㄱ: 요즘 건강이 좀 안 좋은 것 같아요. 最近健康好像不太好。

ㄴ: 그러면 술하고 담배를 끊는 게 좋겠어요. 那还是戒酒戒烟为好。

(6) ㄱ: 갑자기 일이 생겨서 약속을 지킬 수가 없게 되었어요.
突然有事情，所以不能履约了。

ㄴ: 그래요? 그러면 약속을 연기하는 게 좋겠어요.
是吗？那就推迟约会吧。

2. -(으)ㄴ 김에

用于动词后，表示做一件事时顺便做另一件事。

例如：

(1) ㄱ: 시내에 나온 김에 저녁 식사까지 했으면 좋겠어요.
既然来到城里，顺便吃顿晚饭吧。

ㄴ: 그렇게 합시다. 好吧。

(2) ㄱ: 한국에 온 김에 여행도 많이 하고 가세요.
既然来了韩国，就应该多旅游一下。

ㄴ: 네, 저도 그렇게 하고 싶어요. 어디가 좋아요?
我也是这样想的。去哪儿好呢？

(3) ㄱ: 술을 왜 마셨어요? 为什么喝酒了？

ㄴ: 오랜만에 친구를 만난 김에 술 한잔 했어요.
遇到好久没见面的朋友，就喝了一杯。

(4) ㄱ: 홍단 씨가 지금 집에 있을까요? 洪丹现在能在家吗？

ㄴ: 생각난 김에 전화해 볼까요? 趁现在想起来时打个电话看看。

(5) ㄱ: 안녕하세요? 오래간만입니다. 您好，好久不见。

ㄴ: 우리 이렇게 만난 김에 식사나 같이 합시다.
正好见了面，我们就一起吃顿饭吧。

(6) ㄱ: 책을 많이 샀네요. 买了不少书呀。

ㄴ: 서점에 간 김에 책 좀 샀어요. 正好去了书店，就买了一些。

3. -아/어/여 보이다

在形容词后，表示说话人的主观感觉和想法，相当于汉语的"看起来……"。

例如：

(1) ㄱ: 요즘 참 건강해 보여요. 看样子近来你很健康。

ㄴ: 네, 운동을 좀 열심히 했어요. 是的，最近经常锻炼。

(2) ㄱ: 이 옷을 입으니까 키가 좀 커 보이는 것 같아요.
穿上这件衣服，个子显得高一些。

ㄴ: 그래요? 그러면 이 옷을 살래요.　是吗？那就买这件衣服吧。

(3) ㄱ: 아이가 참 귀여워 보이네요.　这孩子真可爱。

ㄴ: 네, 얼마나 귀여운지 모르겠어요.　是啊，可爱极了。

(4) ㄱ: 오늘 무슨 일이 있어요? 기분이 좋아 보여요.
今天有什么事吗？看起来心情不错。

ㄴ: 사실은 데이트가 있어요.　今天有约会。

(5) ㄱ: 박 선생님은 참 젊어 보이세요.　朴老师看起来很年轻呀。

ㄴ: 늘 즐거운 마음으로 살아서 그런 것 같아요.
大概是因为总是保持愉快的心情。

(6) ㄱ: 어디 아파요? 얼굴이 아파 보여요.
哪儿不舒服吗？脸色不大好。

ㄴ: 몸살이 났어요.　浑身不舒服。

4. 아니면

用在名词和名词，句子与句子中间，表示在二者之间选择其一。

例如：

(1) ㄱ: 점심에 뭘 먹을래요?　午饭想吃点什么？

ㄴ: 난 비빔밥 아니면 냉면이 먹고 싶어요.　我想吃拌饭或冷面。

(2) ㄱ: 언제 결혼할 겁니까?　打算什么时候结婚？

ㄴ: 올 가을 아니면 내년 봄쯤에 결혼할 거예요.
不是今年秋天就是明年春天结婚。

(3) ㄱ: 무슨 꽃을 사 줄까요?　给你买什么花呢？

ㄴ: 장미꽃 아니면 튤립을 사 주세요.　买玫瑰或者郁金香吧。

(4) ㄱ: 집에서 회사가 너무 멀어요.　家离公司太远了。

ㄴ: 차를 사세요. 아니면 회사 근처로 이사 가세요.
买辆汽车，或者搬到公司附近住。

(5) ㄱ: 이번 토요일에 약속 있어요? 아니면 같이 등산 갑시다.
这个星期六有约会吗？要是没有就一起去爬山吧。

ㄴ: 좋아요. 마침 시간이 있어요.　好呀，我正好有时间。

(6) ㄱ: 비자가 벌써 끝났어요.　签证已经到期了。

ㄴ: 중국으로 돌아갈 겁니까? 아니면 비자를 더 연장할 겁니까?
您是要回中国还是要延长签证？

5. "ㅅ"不规则变形

词干末音节"ㅅ"的动词用在元音前面时,"ㅅ"音脱落。

例如:

짓다: 짓+어요　　　　　→ 지어요

　　　짓+을 겁니다　　　→ 지을 겁니다

　　　짓+어서　　　　　→ 지어서

同类单词还有: 짓다, 낫다, 젓다, 붓다。

又如:

(1) 새 집을 짓고 있습니다.　正在建新房。

　　집을 다 지으면 곧 이사할 겁니다.　新房建好后立即搬过去。

(2) 감기가 낫지 않습니다.　感冒还没好。

　　병원에 가면 곧 나을 겁니다.　去医院看一下,会很快好的。

(3) 커피에 설탕을 넣고 잘 저어 주세요.　往咖啡里加糖,好好搅一下。

　　지금 젓지 말고 조금 후에 저으세요.　现在别搅,过一会儿再搅吧。

(4) 뜨거운 물을 붓고 3분만 기다리세요.

　　请倒上热水后等3分钟。

　　이 컵라면은 뜨거운 물만 부으면 됩니다.

　　这种方便面只要倒上热水就能吃。

(5) ㄱ: 배가 고파요. 빨리 밥을 주세요.　肚子饿了,快给我饭吃。

　　ㄴ: 지금 곧 밥을 지어 드릴게요. 조금만 기다리세요.

　　　　这就给您做饭,请稍等。

(6) ㄱ: 어떤 머리 모양을 좋아하세요?　您喜欢什么样的发型?

　　ㄴ: 나한테는 파마 머리보다는 커트 머리가 더 나은 것 같아요.

　　　　对我来说,短头发似乎比烫发更适合。

四、练习

1. 用"-는 게 좋겠어요"完成下列对话。

(1) ㄱ: 한국말을 잘하고 싶습니다.

　　ㄴ: _____.

(2) ㄱ: 너무 살이 쪄서 옷이 하나도 안 맞아요.

　　ㄴ: _____.

(3) ㄱ: 여행을 가고 싶은데 돈이 없어요.
    ㄴ: _____.

(4) ㄱ: 향수병에 걸렸어요. 우리나라로 돌아가고 싶어요.
    ㄴ: _____.

(5) ㄱ: 저녁에 데이트가 있어요. 그런데 갑자기 야근을 하게 되었어요.
    ㄴ: _____.

(6) ㄱ: 요즘 건강이 안 좋아졌어요.
    ㄴ: _____.

2. 用"-(으)ㄴ 김에"练习情景对话。

   (1) 월급을 타다
   (2) 친구를 만나다
   (3) 전화하다
   (4) 외출하다
   (5) 술을 마시다
   (6) 등산하다

3. 仿照例句，用"-아/어/여 보이다"及下列词语造句。

   例如: 크다→
         그 옷을 입으니까 키가 더 커 보여요.

   (1) 귀엽다   → _____
   (2) 멋있다   → _____
   (3) 예쁘다   → _____
   (4) 작다   → _____
   (5) 기분이 좋다 → _____
   (6) 아프다   → _____

4. 仿照例句完成下列对话。

   例如: ㄱ: 뭘 마실 겁니까?
         ㄴ: 따뜻한 코코아 아니면 우유를 마시고 싶어요.
         ㄱ: 어떻게 하면 날씬해질 수 있을까요?
         ㄴ: 다이어트를 하세요. 아니면 운동을 해 보세요.

(1) ㄱ: 뭘 먹을 겁니까?
ㄴ: _____.

(2) ㄱ: 뭘 타고 갈 겁니까?
ㄴ: _____.

(3) ㄱ: 어느 나라 말을 배울 겁니까?
ㄴ: _____.

(4) ㄱ: 여자 친구가 화가 났습니다. 어떻게 하면 좋을까요?
ㄴ: _____.

(5) ㄱ: 내일이 시험인데 공부를 하나도 못했습니다.
ㄴ: _____.

(6) ㄱ: 스트레스를 어떻게 풀면 좋을까요?
ㄴ: _____.

5. 用下面的词语完成句子。

붓다　　젓다　　짓다　　낫다

(1) ㄱ: 아직도 아파요?
ㄴ: 아니요, 이제는 많이_____.

(2) ㄱ: 국이 너무 짜요.
ㄴ: 그러면 물을 더_____.

(3) ㄱ: 설탕이 안 녹았어요.
ㄴ: 그러면_____.

(4) ㄱ: 감기가 안_____.
ㄴ: 병원에 가보세요.

(5) ㄱ: 얼굴이 많이_____.
ㄴ: 어제 술을 많이 마셔서 그런 것 같아요.

(6) ㄱ: 언제 집을_____?
ㄴ: 다음 달부터 공사를 시작할 거예요.

6. 会话练习。简单描述你本人或者是周围某人的衣着相貌。

7. 写作练习。简单写一篇关于目前社会流行的发型、服饰的作文。

8. 将下列句子译成韩文。

（1）你脸色不太好，先回宿舍休息一下吧。

（2）那里路程很远，还是坐飞机去的话好一些。

（3）既然来到北京，就应该去看看长城。

（4）既然到学校了，就去图书馆借本书吧。

（5）他看起来很健康的，怎么突然住院了？

（6）他性格看起来很好，实际不是那样的。

（7）那本书不是被李哲就是被善珠拿走了。

（8）我毕业后，不是去中学当老师就是出国留学。

（9）他的病好像好了一点儿。

（10）不知道为什么，他眼睛肿得厉害。

五、补充单词

다이어트（名）减肥　　　　생각나다（自）想起
월급을 타다（词组）领工资

俗语

누워서 침 뱉기.

这句话的字面意思是：
躺着吐唾沫。
类似于汉语的"搬起石头砸自己的脚"。

第18课 金剛山 금강산

一、课文

(1)

(금강산에서)

왕 룡: 정말 금강산은 세계에서 가장 아름다운 산인 것 같습니다. 금강산이 좋다고 듣기는 했지만 이렇게 직접 보니까 정말 아름답군요. 저기 저 봉우리의 이름이 뭡니까?

문 수: 저기가 바로 비로봉입니다. 금강산에서 제일 높은 봉우리예요. 금강산은 저 비로봉뿐만 아니라 일만 이천 봉우리 모두가 다 다른 모양을 하고 있어요. 또 그 봉우리마다 다 아름다운 전설이 있어요.

왕 룡: 어떤 전설이요?

문 수: 예를 들면, 저 문주담은 금강산이 너무 아름다워서 하늘나라의 선녀들이 내려와 목욕을 하던 곳이래요. 한국의 유명한 '선녀와 나무꾼' 이야기도 금강산에 내려와 목욕하던 선녀의 이야기예요.

왕 룡: 그래요? 그 이야기는 많이 들어봤지만 배경이 금강산인 것은 처음 알았네요.

(다음 날)

왕 룡: 문수 씨, 오늘은 어느 쪽으로 갈까요?

문 수: 오늘은 만물상 구경을 합시다.

왕 룡: 만물상이요?

문 수: 네, 만물상에는 아름다운 바위와 절벽이 많을 뿐만 아니라 여러가지 동물의 모양을 한 돌들이 많아요. 정말 볼 만한 곳이에요.

왕 룡: 그런데 오늘 날씨가 좋을까요? 오늘은 사진을 많이 찍어야 하는데…

문 수: 참, 지영 씨가 사진을 많이 찍어서 보여 달라고 했지요?

왕 룡: 네, 지영 씨가 정말 오고 싶어했거든요.

문 수: 어제 일기예보를 들었는데 오늘 날씨는 좋은가 봐요. 아마 사진 찍기는 괜찮을 거예요.

(2)

　옛날부터 사람들은 "금강산을 가 본 사람은 죽어도 지옥에 가지 않는다."고 믿었습니다. 금강산에 가 본 사람들은 세계에서 가장 아름다운 산이 바로 금강산이라고 말합니다. 일만 이천 개의 봉우리들로 이루어진 금강산은 그림처럼 아름답습니다. 금강산에는 웅장한 봉우리들과 여러가지 모양을 한 바위들, 웅장한 폭포와 호수, 온천과 약수터들이 있습니다. 금강산의 비로봉에서 보는 해돋이는 특히 유명합니다. 금강산은 또 별명이 많기로 유명합니다. 계절마다 이름이 달라서 봄에는 금강산, 여름에는 봉래산, 가을에는 풍악산, 겨울에는 개골산으로 불립니다.

二、单词

개골산（名）皆骨山	나무꾼（名）樵夫
만물상（名）万物相	
…모양을 하다（词组）呈现……的模样，形态	
문주담（名）文珠潭	바위（名）岩石
봉래산（名）蓬莱山	봉우리（名）山峰
여러 가지（名）多种	비로봉（名）毗卢峰
선녀（名）仙女	속（名）内，里边
약수터（名）矿泉水源	전설（名）传说
절벽（名）绝壁	지옥（名）地狱

폭포 (名) 瀑布	풍악산 (名) 枫岳山
하늘나라 (名) 天堂，天国	해돋이 (名) 日出

【发音】

만물상 → [만물쌍]   목욕하다 → [모교카다]

좋겠어요 → [조케써요]   해돋이 → [해도지]

三、基本语法

1. -기는 하다

用在动词词干之后，表示在认定其动作、性状的同时，指出不足或不如意的地方。

例如：

(1) ㄱ: 왕룡 씨는 여행을 안 좋아하십니까?　王龙，你不喜欢旅行吗?

ㄴ: 좋아하기는 합니다. 그렇지만 시간이 없어서 자주 못 갑니다.

喜欢是喜欢，可是没有时间，不能常去。

(2) ㄱ: 영희는 공부를 열심히 안 합니까?　英姬学习不太努力吗?

ㄴ: 열심히 하기는 하는데 성적이 안 좋아요.

努力是努力，可成绩并不太好。

(3) ㄱ: 어제 안 잤어요?　昨天没睡吗?

ㄴ: 자기는 했는데 푹 못 잤어요. 睡是睡了，可是睡得不太好。

(4) ㄱ: 시험 다 봤어요?　考试考完了吗?

ㄴ: 시험을 보기는 봤는데 잘 보지는 못했어요.

考是考了，可是没考好。

(5) ㄱ: 여자 친구가 얼굴이 예뻐요?　女朋友长得漂亮吗?

ㄴ: 얼굴이 예쁘기는 해요. 그런데 키가 아주 작아요.

脸算是漂亮，可是个子太小。

(6) ㄱ: 한국어 공부가 어때요?　学韩国语感觉如何?

ㄴ: 재미있기는 해요. 그런데 너무 어려워요. 很有意思，可是太难了。

2. -뿐만 아니라, -(으)ㄹ 뿐만 아니라

"-뿐만 아니라"用于名词后，"-(으)ㄹ 뿐만 아니라"用于动词、形容词词干后，表示递进关系。

例如：

(1) ㄱ: 왕룽 씨는 한국어를 합니까? 王龙懂韩国语吗?
　　ㄴ: 왕룽 씨는 한국어뿐만 아니라 일본어도 잘해요.
　　　 王龙不仅懂韩国语，日语也很好。

(2) ㄱ: 세민 씨도 테니스 칩니까? 世民也打网球吗?
　　ㄴ: 세민 씨는 만능선수예요. 테니스뿐만 아니라 수영도 잘해요.
　　　 世民是全能选手，不仅会打网球，游泳也很棒。

(3) ㄱ: 저 스웨터는 어떻습니까? 那件毛衣怎么样?
　　ㄴ: 저 스웨터는 값이 쌀 뿐만 아니라 품질도 좋습니다.
　　　 那件毛衣物美价廉。（不仅价钱便宜，质量也很好。）

(4) ㄱ: 문수 씨는 어떤 사람입니까? 文洙这个人怎么样?
　　ㄴ: 성실할 뿐만 아니라 머리도 좋은 사람입니다.
　　　 不仅诚实，而且聪明。

(5) ㄱ: 이 책이 재미있습니까? 这本书有意思吗?
　　ㄴ: 한번 읽어 보세요. 재미있을 뿐만 아니라 교훈적이에요.
　　　 你读一读。不仅有趣，而且有教育意义。

(6) ㄱ: 오늘 점심은 어디에서 할까요? 今天午饭在哪儿吃?
　　ㄴ: 저 식당에 갑시다. 저 식당이 음식을 잘할 뿐만 아니라 손님한테 친절해요.
　　　 去那家餐厅吧。那儿不仅饭菜好吃，而且对顾客热情。

3. -(이)나

在名词后边，表示让步（甲事物得不到只好取乙事物）。有时表示"估计"，有"大约"之意。有时表示选择，从许多事物中，任选其一。主要用于共动句、命令句中。

例如：

(1) ㄱ: 우리 심심한데 영화나 볼까요? 闲得无聊，看看电影好吗?
　　ㄴ: 좋아요. 무슨 영화를 볼까요? 好的，看什么电影?

(2) ㄱ: 뭘 드실래요? 吃点儿什么?

ㄴ: 나는 지금 배가 고프지 않아요. 커피나 한 잔 주십시오.
我现在不饿，来杯咖啡吧。

(3) ㄱ: 우리 이번 주말에 등산이나 갑시다.　这周末我们去爬山吧。

ㄴ: 미안합니다. 이번 주말에는 시험공부를 해야 해요.
对不起，周末我得准备考试。

(4) ㄱ: 시간이 있으면 무엇을 하고 싶어요?　要是有时间，你想做什么?

ㄴ: 집에서 잠이나 푹 잤으면 좋겠어요.
想在家里好好睡一觉。

(5) ㄱ: 쇼핑하러 갑시다.　去逛逛商店吧。

ㄴ: 나는 그냥 집에서 텔레비전이나 볼래요.　我还是在家看电视吧。

(6) ㄱ: 집들이 선물로 뭘 사는 게 좋을까요?
祝贺乔迁之喜，买什么礼物好?

ㄴ: 세제나 삽시다.　买洗衣粉吧。

4. -고 싶어하다

用于动词词干后，表示"愿望"，有"想……"的意思。

例如:

(1) ㄱ: 이번 방학 때는 지리산에 갈 거예요. 왕룽 씨도 같이 갈래요?
这次假期我想去智异山，王龙你也去吗?

ㄴ: 네, 나도 가고 싶어요. 그런데 세민 씨도 지리산에 가고 싶어하니까 같이 갑시다.
我也想去，还有世民也想去，咱们一起去吧。

(2) ㄱ: 홍단 씨는 어떻게 지내고 있습니까?　洪丹最近过得怎么样?

ㄴ: 요즘 향수병에 걸려서 중국에 돌아가고 싶어하는 것 같아요.
近来得了思乡病，似乎想回中国去。

(3) ㄱ: 민호 씨가 언제 결혼한대요?　民浩说什么时候结婚?

ㄴ: 아직 결정하지 않은 것 같아요. 그렇지만 빨리 결혼하고 싶어해요.
好像还没决定，不过他很想赶快结婚。

(4) ㄱ: 문수 씨는 한국어를 배운 후에 뭘 할 거예요?
文洙你学了韩国语以后打算做什么?

ㄴ: 계속 한국 역사를 연구하고 싶어요.　我想继续研究韩国历史。

(5) ㄱ: 왕룽 씨한테 전화해 보세요. 왕룽 씨가 세민 씨를 만나고 싶어해요.
给王龙打个电话看看，他很想见世民你。

ㄴ: 알겠습니다.　知道了。

(6) ㄱ: 조카가 인형을 가지고 싶어해요. 어떤 인형이 좋을까요?
　　　我侄女想要一个娃娃，什么样的好呢？

　　ㄴ: 여기 이 곰 인형이 어때요? 아이가 좋아할 거예요.
　　　这只熊怎么样？孩子可能喜欢。

5. -는가 보다, -(으)ㄴ가 보다

　　用于动词、形容词词干之后，表示说话人对某事实或情况的推测。动词后用"-는가 보다"，形容词后用"-(으)ㄴ가 보다"。在口语中常用，"-나 보다"代替"-(으)ㄴ가 보다"。

　　例如：

(1) ㄱ: 저기가 동대문 시장인가 봐요.　那儿可能是东大门市场。
　　ㄴ: 지나가는 사람한테 물어볼까요?　是否问一问过路的人？

(2) ㄱ: 오늘 기분이 좋은가 봐요.　看来你今天心情不错哦。
　　ㄴ: 네, 오늘 장학금을 받았거든요.　对，今天我拿到了奖学金。

(3) ㄱ: 집에 사람이 없나 봐요. 전화를 안 받아요.
　　　家里好像没人，没人接电话。
　　ㄴ: 저녁에 다시 전화해 봅시다.　晚上再打一次试试吧。

(4) ㄱ: 저 영화는 재미가 없나 봐요. 극장 앞에 사람이 하나도 없어요.
　　　那部电影可能没有意思，剧场门口一个人也没有。
　　ㄴ: 맞아요. 우리 다른 영화 봅시다.　没错，我们看别的电影吧。

(5) ㄱ: 오늘 날씨가 추운가 봐요. 물이 다 얼었어요.
　　　今天好像很冷，水都结冰了。
　　ㄴ: 따뜻하게 입고 나가세요. 감기 들겠어요.
　　　穿暖点再出门吧，不然会感冒的。

(6) ㄱ: 문수 씨가 자꾸 하품을 해요.　文洙老打哈欠。
　　ㄴ: 어제 잠을 못 잤나 봐요.　可能昨天没睡好。

四、练习

1. 仿照例子，用"-기는 하다"回答下面的问题。

   例如: ㄱ: 식사 안 했어요?
         ㄴ: 먹기는 했는데 아직 배가 고파요.

   (1) ㄱ: 왕룡 씨는 키가 커요?
       ㄴ: _____.
   (2) ㄱ: 내일 많이 바쁘십니까?
       ㄴ: _____.
   (3) ㄱ: 시험공부를 많이 했습니까?
       ㄴ: _____.
   (4) ㄱ: 술을 많이 마셨습니까?
       ㄴ: _____.
   (5) ㄱ: 운동을 좋아하십니까?
       ㄴ: _____.
   (6) ㄱ: 한국어를 배운 적이 있습니까?
       ㄴ: _____.

2. 仿照例子，用"-뿐만 아니라, -(으)ㄹ 뿐만 아니라"及下列词语造句。

   例如: 친절하다/음식 맛이 좋다
        → 저 음식점은 친절할 뿐만 아니라 음식 맛이 좋아요.

   (1) 머리가 좋다/노력하다
       → _____.
   (2) 예쁘다/귀엽다
       → _____.
   (3) 경치가 좋다/교통이 편리하다
       → _____.
   (4) 값이 싸다/품질이 좋다
       → _____.
   (5) 시간이 없다/하기 싫다
       → _____.

(6) 공부를 잘하다/운동을 잘하다

→ _____.

3. 仿造例句，用"-이나"造句，回答下列问句。

例如： ㄱ: 뭘 먹을래요?

ㄴ: 설렁탕이나 먹을래요.

(1) ㄱ: 만나서 어디에 갈까요?

ㄴ: _____.

(2) ㄱ: 이번 주말에 뭘 할 겁니까?

ㄴ: _____.

(3) ㄱ: 심심하면 뭘 합니까?

ㄴ: _____.

(4) ㄱ: 오늘 저녁에 뭘 할 겁니까?

ㄴ: _____.

(5) ㄱ: 친구 생일 선물로 뭘 살 겁니까?

ㄴ: _____.

(6) ㄱ: 우리 오늘 만나서 뭘 할까요?

ㄴ: _____.

4. 请询问你身边的人，请他(或她)谈一谈学习韩国语后想从事什么工作。

5. 仿照例句，用"-ㄴ가 보다"回答下列问题。

例如： ㄱ: 영민 씨 어디 있어요?

ㄴ: 집에 갔나 봐요.

(1) ㄱ: 지영 씨가 병원에 입원했어요.

ㄴ: _____.

(2) ㄱ: 아버지는 침대에 눕자마자 주무시기 시작했어요.

ㄴ: _____.

(3) ㄱ: 왕룽 씨가 오늘 우리 집에 전화를 세 번이나 했어요.

ㄴ: _____.

(4) ㄱ: 세민 씨가 오늘 아침부터 싱글벙글해요.

ㄴ: _____.

(5) ㄱ: 문수 씨는 오늘 계속 말을 한 마디도 안 했어요.
　　ㄴ: _____.

(6) ㄱ: 지영 씨는 요즘 밥을 조금밖에 안 먹어요.
　　ㄴ: _____.

6. 会话练习，用自己的话讲述"仙女与樵夫"的故事。

7. 你去过的中国哪座山最美丽？请介绍一下。

8. 将下列句子译成韩文。

（1）我虽然去过金刚山，但因天气不好没能尽兴。

（2）今天多云，但照相可能不成问题。

（3）不仅韩国人说金刚山美丽，凡是去过金刚山的外国人也都说金刚山不知有多美。

（4）我家不但能看到韩国的电视节目，还能看到英国的电视节目。

（5）志英她因为有事来不了，她要我们多照些相片给她看。

（6）我不想去看那个演出，宁可在家看报纸。

（7）看天空，可能要下雨。

（8）这大概就是你学习好的秘密吧。

（9）王龙从小就想成为一名老师。

（10）文洙想去看他喜欢的歌手的演唱会。

五、补充单词

세제（名）洗衣粉	곰 인형（名）玩具熊
만능선수（名）全能运动员	비밀（名）秘密
싱글벙글하다（自）微笑，喜形于色	조카（名）侄子
품질（名）质量，品质	하품하다（自）打哈欠
도둑（名）小偷	저리다（形）麻的

도둑이 제 발 저리다.

这句话的字面意思是：小偷的脚发麻。类似于汉语的"做贼心虚"。

第19课 天坛 천단

(1)

박지영: 여기는 어느 시대의 왕궁인가요?

진문수: 여기는 왕궁이 아니라 천단입니다. 명나라와 청나라 시대에 황제들이 하늘에 제사를 지내던 곳입니다.

박지영: 그러면 어제 본 자금성과 비슷한 때에 지어졌겠네요.

진문수: 네, 자금성과 같은 시기에 지어졌습니다.

박지영: 황제가 여기에 와서 무엇을 빌었나요?

진문수: 음력 정월에는 풍년을 빌고, 하지에는 비가 오기를 빌었다고 합니다.

박지영: 아, 그런가요. 우리나라에도 이와 비슷한 곳이 있어요.

(원구단 에서)

박지영: 저 건물은 사진에서 많이 보았는데, 이름이 뭔가요?

진문수: 저기가 바로 황제가 제사를 지내던 원구단입니다.

박지영: 그래요? 그러면 가까이 가서 자세히 봐야겠네요. 이곳에서 바라보는 북경의 경치도 참 멋있어요. 북경은 도시 속에 옛 공원들이 잘 어우러져 있는 느낌이에요.

(잠시 후)

박지영: 여기 서 있을 테니까 사진 한 장 찍어 주실래요?

진문수: 자, 찍을게요. 웃으세요.

박지영: 그런데 날씨가 더운데도 사람들이 많네요. 외국인들뿐만 아니라 중국인도 많은 것 같아요.

진문수: 네, 외국인들도 많이 오지만 요즘은 젊은 사람들의 데이트 장소로 많이 이용됩니다. 저도 전에 데이트하러 몇 번 온 적이 있어요.

(2)

　천단은 하늘의 신에게 제사를 지내던 곳으로, 근처에 지단과 일단, 월단이 있다. 이곳들은 각각 하늘, 땅, 해, 달의 신에게 제사를 지내던 곳인데, 지금은 공원으로 이용되고 있다.

　천단은 고궁과 같은 시기인 1406년부터 1420년 사이에 세워졌다. 명나라와 청나라의 황제들이 음력 정월에는 풍년을 빌고, 하지에는 기우제를 지내며, 동지에는 하늘에 제사를 지내던 곳이다.

　천단은 북경 5대 명승지 가운데 하나로, 천안문, 만리장성 등과 함께 중국을 상징하는 건축물로도 유명하다. 관광객과 연인들로 언제나 붐빈다.

二、单词

가까이（副）近	기우제를 지내다（词组）举行祈雨仪式
동지（名）冬至	땅（名）地，土地
비슷하다（形）差不多，相似	빌다（他）祈祷，求饶
시기（名）时期	오대 명승지（名）五大胜地
원구단（名）圆丘坛	음력（名）阴历
일단（名）日坛	자세히（副）详细地，仔细地
정월（名）正月	제사를 지내다（词组）进行祭祀
지단（名）地坛	천단（名）天坛
풍년（名）丰收年	하지（名）夏至

三、基本语法

1. -(으)ㄹ 테니까

用在动词词干后,表示意图,主语是第一人称。前后主语不同,只可用于命令句、共动句中。

例如:

(1) ㄱ: 저도 청소를 할까요? 我也来帮着打扫吧?

ㄴ: 청소는 제가 할 테니까 수미 씨는 앉아 계세요.
卫生我来搞,秀美你就坐着就行。

(2) ㄱ: 내일 저녁 때 제가 전화하겠습니다. 明天晚上我给您打电话。

ㄴ: 약속 시간이 결정되면 제가 전화 드릴 테니까 기다리십시오.
如果约好时间,我给您打电话,您就等我电话好了。

(3) ㄱ: 한국에 도착하면 편지를 쓸 테니까 꼭 답장을 해야 돼.
我到韩国后就给你写信,你一定要回信。

ㄴ: 알았어. 知道了。

(4) ㄱ: 저도 같이 갈까요? 我跟你一起去吧?

ㄴ: 제가 빨리 뛰어갔다 올 테니까 여기에서 기다리십시오.
我快去快回,你在这儿等着吧。

(5) ㄱ: 저는 30분쯤 있어야 일이 끝날 것 같은데요.
我还要再过30分钟左右才能做完工作。

ㄴ: 그러면 제가 먼저 갈 테니까 일을 끝내고 천천히 오십시오.
那我先去,你做完工作之后再来吧。

(6) ㄱ: 세민 씨한테 연락할 일이 있는데, 어떻게 하면 될까요?
我有事想找世民,怎么联系好呢?

ㄴ: 저는 메시지를 보낼 테니까 영호 씨는 친구들 집에 전화를 해 보세요.
我给他发短信,英浩你给朋友们家里打电话问一下。

2. -는/(으)ㄴ데도

用于动词、形容词词干之后，表示转折。

例如：

(1) 계속 약을 먹는데도 감기가 낫지 않습니다.
   虽然一直在吃药，感冒还是不好。

(2) 조현주 씨는 키가 큰데도 언제나 굽이 높은 구두를 신습니다.
   赵贤珠个子很高，可总穿高跟鞋。

(3) 1월인데도 날씨가 춥지 않습니다. 都一月份了，天气还不冷。

(4) 운이 좋았나 봐요. 공부를 별로 하지 않았는데도 시험에 붙었어요.
   看来运气不错，没怎么学习也考上了。

(5) 저 사람은 나이가 많은데도 아직 철이 안 들었어요.
   那个人老大不小了，还是不懂事。

(6) 오늘은 길이 많이 막혀서 집에서 일찍 출발했는데도 회사에 늦었습니다.
   今天路上太堵了，一大早就从家里出来，可到了公司还是迟到了。

3. -아/어/여야겠다

用于动词词干后，表示"应该""必须"。

例如：

(1) 체한 것 같습니다. 약을 사 먹어야겠습니다.
   觉得胃胀得慌，该买药吃了。

(2) 매일 지각을 합니다. 내일부터는 일찍 일어나야겠습니다.
   每天都迟到，从明天起该早点起床。

(3) 발이 아파요. 많이 걸을 때는 이 구두를 신지 말아야겠어요.
   脚太疼了，走很多路时，不应该穿这双皮鞋。

(4) ㄱ: 피곤하고 자꾸 졸립니다. 太累了，老犯困。
   ㄴ: 오늘은 집에 일찍 돌아가서 쉬어야겠습니다.
      今天该早点回家休息。

(5) ㄱ: 약속 시간이 20분밖에 안 남았습니다. 离约会时间只有20分钟了。
   ㄴ: 그러면 택시를 타고 가셔야겠습니다. 那么最好坐出租车去。

(6) ㄱ: 속이 쓰립니다. 肚子不舒服。
   ㄴ: 술을 많이 마셔서 그렇지요? 과음하지 말아야겠어요.
      是酒喝得太多的缘故吧？最好别喝过量。

4. -았/었/였었-

用于动词、形容词词干之后，表示某一动作行为或现象、状态曾经发生过。

例如：

(1) ㄱ: 어제 어디에 갔었습니까? 전화했는데 없었습니다.
　　　昨天去哪儿了？打电话也不在。

　ㄴ: 친구와 박물관에 갔었습니다. 和朋友一起去博物馆了。

(2) ㄱ: 문수 씨는 담배를 안 피우십니까? 文洙你不抽烟吗?

　ㄴ: 네, 전에는 하루에 한 갑 이상 피웠었습니다. 그렇지만 얼마 전에 끊었습니다. 不抽，以前一天抽一盒多，但前不久戒烟了。

(3) ㄱ: 제 친구는 지금 한국의 연세대학교에서 유학 중입니다.
　　　我朋友现在在韩国延世大学留学。

　ㄴ: 그렇습니까? 저도 2년 전에 연세대학교에서 유학했었습니다.
　　　是吗？两年前我也在延世大学留过学。

(4) ㄱ: 어릴 때부터 키가 이렇게 컸습니까? 你从小就是大个子吗?

　ㄴ: 아닙니다. 어릴 때는 다른 친구들보다 훨씬 작았었습니다.
　　　不，小时候我比别人矮得多。

(5) ㄱ: 오늘 집에 친구들이 왔었습니까? 今天家里来朋友了吗?

　ㄴ: 네, 왕단 씨는 점심 때쯤 왔었고, 이세민 씨는 오후 4시쯤 왔었습니다. 是的，中午王丹来过，下午4点左右李世民也来过了。

(6) ㄱ: 박민수 씨 집의 전화번호를 압니까? 知道朴敏洙家的电话号码吗?

　ㄴ: 전에 알았었는데, 잊어버렸습니다. 以前知道，但现在忘记了。

5. -았/었/였던

用于动词词干后，修饰后面的名词，只表示回忆过去完成的行为。与"-(은)ㄴ"意思相近。

例如：

(1) ㄱ: 며칠 전 정곤 씨의 결혼식장에서 만났던 사람의 이름이 뭡니까?
　　　几天前在郑昆先生的婚礼上遇见的那个人叫什么名字？

　ㄴ: 최선주 씨를 말씀하시는 겁니까? 你是说崔先柱先生吗?

(2) ㄱ: 여기가 제가 어릴 때 살았던 곳입니다.
　　　这里是我小时候生活过的地方。

　ㄴ: 아주 조용한 곳이네요. 真是个安静的地方。

(3) ㄱ: 문수 씨는 겨울에 태어났지요?　文洙，你是冬天出生的吧？
ㄴ: 네, 제가 태어났던 날에는 눈이 무척 많이 왔다고 합니다.
　　对，听说我出生那天正下大雪。

(4) ㄱ: 이 노래의 제목이 뭡니까?　这首歌的歌名是什么？
ㄴ: '난 알아요'입니다. 90년대 초에 아주 유행했던 노래입니다.
　　叫《我知道》，90年代初非常流行。

(5) ㄱ: 조금 전에 여기에 왔던 사람이 누구입니까?
　　刚才来过的那个人是谁？
ㄴ: 제 대학 선배입니다.　是我大学师兄。

(6) ㄱ: 아까 갔던 커피숍의 이름이 무엇이에요?
　　刚才去过的咖啡馆叫什么名字？
ㄴ: 서울 커피숍입니다.　首尔咖啡馆。

四、练习

1. 用"-(으)ㄹ 테니까"完成下列句子。

(1) 나는 토요일 밤에 있을 파티 준비 때문에 바쁩니다.
　　_____

(2) 이사할 준비를 하고 있습니다.
　　_____

(3) 여러 가지 음식을 만들려고 합니다.
　　_____

(4) 방학 때 5명이 여행을 하기로 했습니다.
　　_____

2. 完成下列句子。

(1) 더운 여름인데도 _____.
(2) 저 사람은 구두쇠예요. 돈을 많이 버는데도_____.
(3) 이세민 씨는 비가 많이 오는데도 _____.
(4) 지진이 났는데도_____.
(5) 우리 과장님은 결혼했는데도 _____.
(6) 성호 씨는 남들이 쳐다보는데도_____.

3. 在下列情况下，怎样才能解决问题？用"-아/어야겠다"写出好主意来。

   (1) 자꾸 살이 찌고 조금 걸으면 숨이 찹니다.
   _____

   (2) 취직한 지 3년이 지났는데, 저축한 돈이 없습니다.
   _____

   (3) 내가 싫어하는 남자/여자가 자꾸 따라다닙니다.
   _____

   (4) 매일 늦잠을 자서 지각을 합니다.
   _____

   (5) 물건을 자주 잃어버리고 약속도 자주 잊어버립니다.
   _____

   (6) 자주 화가 나거나 신경질이 납니다.
   _____

4. 今天是12月31号，新年有什么计划？请写出新年必须做的事情。

5. 用"-았/었/였었-"的格式和下面的词语，说明过去和现在的不同。

   (1) 자신의 성격 →
   (2) 자신의 외모 →
   (3) 자신의 식성 →
   (4) 지금 살고 있는 곳 →
   (5) 중국의 식생활 →
   (6) 인기있는 직업 →

6. 指出下面句子中不能使用"-았/었/였던"的句子并说明理由。

   (1) 저 병원은 전에 내가 입원했던 곳이다.
   (2) 나는 며칠 전에 나를 도와주었던 사람에게 전화를 걸어서 고맙다고 말을 했다.

(3) 아까 내가 먹었던 사과는 어디에 있습니까?

(4) 나는 두 달 전에 잃어버렸던 개를 며칠 전에 찾았습니다.

(5) 아까 제가 먹었던 빵과 같은 것을 주십시오.

(6) 여기가 교통사고가 일어났던 장소입니다.

7. 用学过的修饰语完成下列句子。

    (1) 아까 우리가 버스 안에서_____노래의 제목이 뭐야?

    (2) 주말에 산에_____사람은 수업이 끝난 후에 잠깐 남으십시오.

    (3) 나는 오늘 왕단 씨가_____우산을 쓰고 학교에 왔다.

    (4) 나는_____사람을 좋아합니다.

    (5) 나는 어제_____영화를 보았습니다.

    (6) 저쪽에 빨간 치마를_____사람이 누구입니까?

    (7) 오후에 친구에게_____선물을 사러 시내에 가야 됩니다.

    (8) 요즘 내가_____컴퓨터는 중국에서_____겁니다.

    (9) 어제 시장에 갔습니다. 물건을_____사람이 많이 있었습니다.

    (10) 우리 집에는_____물건이 많이 있습니다.

8. 将下列句子译成韩文。

    (1) 那件事儿由我来做，你不必担心了。

    (2) 明天早上我会去学校操场锻炼，咱们一起吧。

    (3) 他非常难过，可是忍着没哭。

    (4) 天天打扫房间，可是还是觉得很脏。

    (5) 为了健康，以后应该早睡早起。

    (6) 现在路上很堵，我应该坐地铁去。

    (7) 我在韩国的时候，见过一次韩国总统。

    (8) 那个时候，我们常常在一起玩儿。

    (9) 曾经拥有的都不知何时失去了。

    (10) 小时候唱过的歌你记得的有几首？

五、补充单词

각각 （副） 各，各自	과음하다 （自） 饮酒过度
교통사고 （名） 交通事故	구두쇠 （名） 吝啬鬼，守财奴
굽이 높다 （词组） 后跟高	따라다니다 （他） 跟随
붐비다 （形） 挤，拥挤	상징하다 （他） 象征
선배 （名） 先辈，前辈，上届同学	숨이 차다 （词组） 气喘吁吁
식생활 （名） 饮食生活	식성 （名） 胃口
신경질이 나다 （词组） 发神经	외모 （名） 外貌
운이 좋다 （词组） 好运	저축하다 （他） 储蓄
지진 （名） 地震	직업 （名） 工作，职业
벼락 （名） 霹雳	

俗语

마른 하늘에 날벼락.

这句话类似于汉语的"晴天霹雳"，表示得知令人震惊的消息。

第20课 暑假 여름 방학

一、课文

(1)

지영: 홍단 씨, 오래간만이에요.

홍단: 지영 씨, 그동안 무슨 일 있었어요? 핸드폰으로 몇 번 전화했는데 안 받더라구요.

지영: 8월초까지는 아르바이트 하느라고 바빴어요. 그리고 8월 9일부터 열흘 동안 친구들하고 말레이시아와 태국에 여행을 갔다왔어요. 아마 외국에 나갔을 때 전화했었나 봐요.

홍단: 해외 여행 갔다 왔군요! 정말 좋았겠어요.

지영: 재미있기는 했는데, 더워서 죽을 뻔했어요. 그런데 홍단 씨는 어떻게 지냈어요?

홍단: 저는 혼자서 여기저기 여행했어요. 고생도 많이 했지만 전 정말 한국에 반했어요.

지영: 어디가 제일 좋았어요?

홍단: 다 아름다웠지만 특히 전라남도 지방이 아름다웠어요. 가을에 다시 한번 꼭 가 보고 싶어요.

(우연히 길에서 문수와 세민을 만난다)

홍 단: 문수 씨, 얼굴이 많이 탔네요. 해수욕장에 갔다 왔어요?
문 수: 아니에요. 한국 친구들이 사랑의 집짓기 활동을 하러 갈 때 같이 갔다왔어요.
홍 단: 그래요? 가서 일 좀 하셨어요?
문 수: 그럼요. 일을 시작한 지 이틀만에 쓰러진 친구도 있었지만 저는 돌아올 때까지 아무 탈도 없었습니다.
홍 단: 가서 무슨 일을 했어요?
문 수: 강원도 지방에 가서 집없는 사람들을 위한 집짓기를 했어요. 벽돌도 쌓고 시멘트도 발랐어요. 요새 이런 봉사활동이 많이 생긴 것 같아요.
세 민: 문수 씨는 여름 방학을 아주 보람있게 보냈네요.
지 영: 세민 씨는 아무데도 안 갔다온 것 같아요. 얼굴이 아주 하얘요.
세 민: 네, 저는 중국어 회화와 컴퓨터를 배우러 학원에 다녔어요. 실내에만 있다보니 얼굴이 오히려 하얘졌어요.

(2)

　진문수 씨는 이번 여름 방학을 아주 보람있게 보냈습니다. 처음에는 일주일 정도 제주도에 여행을 갈까 생각했지만, 친구들과 강원도로 사랑의 집짓기 봉사활동을 갔다 왔습니다.

　봉사활동이라고 해도 일이 결코 만만하지는 않았습니다. 낮에는 벽돌을 쌓고 시멘트를 바르고 나무를 잘랐습니다. 밤에는 사람들과 함께 집없는 사람들이 얼마나 많은지 토론하면서 사회 문제에 대해 고민하는 시간을 가졌습니다.

　일을 한 지 하루만에 얼굴이 까맣게 탔습니다. 힘들어서 쓰러지는 친구도 생겼습니다. 문수 씨도 힘들기는 했지만 아주 의미있는 시간이었습니다. 앞으로도 사회를 위해 봉사를 많이 해야겠다는 생각이 들었습니다.

二、单词

강원도 (名) 江原道	결코 (副) 绝对 (不)
농약을 뿌리다 (词组) 撒农药	농촌 (名) 农村
-느라고 (词尾) 表示原因	동네 (名) 村子
만만하다 (形) 容易的, 不费劲儿的	반하다 (自) 迷恋, 入迷
벽돌 (名) 砖头	봉사활동 (名) 服务活动

쓰러지다（自）倒下，倒，失败	시멘트（名）水泥
-아/어서 죽을 뻔하다（惯用型）差点儿死了	
아르바이트하다（自）打工	
아무 -도 없다（惯用型）什么……也没有	열흘（名）十天
장마（名）雨季	전라남도（名）全罗南道
집짓기（名）盖房子	칭찬을 받다（词组）受到赞扬
탈（名）事故，毛病	태국（名）泰国
토론하다（他）讨论	해수욕장（名）海滨浴场
혼자서（副）单独，一个人	

【发音】

특히 → ［트키］   전라남도 → ［절라남도］

三、基本语法

1. -느라고

用于动词词干后，表示原因。其前后动作的主体即施事者必须是同一个人。不能用于命令句和共动句。

例如：

(1) ㄱ: 지난 번 동창회에 왜 안 나왔어? 上次同学聚会你怎么没来?
    ㄴ: 회사에서 일하느라고 못 나갔어. 在公司办点事没去成。

(2) ㄱ: 어젯밤에 축구 중계방송을 봤어요? 昨天晚上看足球赛转播了吗?
    ㄴ: 보고서를 쓰느라고 못 봤어요. 因为写报告书没能看上。

(3) ㄱ: 아까 영주 씨가 한 이야기를 들었어요?
       刚才英柱说的话你听了吗?
    ㄴ: 저는 다른 생각을 하느라고 못 들었어요.
       我在想别的事，所以没听见。

(4) ㄱ: 요즘 어떻게 지내십니까? 近来过得怎么样?
    ㄴ: 취직 준비 하느라고 바쁩니다. 正在找工作，所以很忙。

(5) ㄱ: 무엇을 하느라고 이렇게 늦게 왔어요?
       你在忙什么呢，来得这么晚?

ㄴ: 미안합니다. 우체국에 갔다오느라고 늦었습니다.
对不起，我去了趟邮局，所以来晚了。

(6) ㄱ: 이사하시느라고 힘드셨지요? 搬家很累吧?

ㄴ: 힘들기는요. 친구들이 도와줘서 빨리 끝났어요.
哪里，朋友们来帮忙，很快就搬完了。

2. -(으)ㄹ 뻔하다

用于动词词干后，表示"差一点儿……""险些……"。

例如：

(1) ㄱ: 어제 산에서 내려오다가 떨어질 뻔했어요.
昨天下山时差点儿摔下去。

ㄴ: 산에서는 늘 조심해야 돼요. 在山上时应该小心一些。

(2) ㄱ: 지갑을 잃어버릴 뻔했어요. 我差点儿把钱包丢了。

ㄴ: 나도 아까 공중전화 부스 안에 지갑을 두고 올 뻔했어요.
我刚才也差点儿把钱包忘在公用电话亭里。

(3) ㄱ: 오늘 오후 2시에 약속이 있는 걸 알지요?
知道今天下午两点有约会吧?

ㄴ: 얘기해 줘서 고마워요. 깜빡 잊어버릴 뻔했어요.
谢谢你提醒，差点儿就忘了。

(4) ㄱ: 집에 오다가 차에 치일 뻔했어요. 回家路上差点儿被车撞了。

ㄴ: 무척 놀랐겠어요. 你一定吓坏了吧。

(5) ㄱ: 이사하느라고 힘드셨지요? 搬家很累吧?

ㄴ: 네, 힘들어서 죽을 뻔했어요. 是的，快累死了。

(6) ㄱ: 버스 정류장에서 버스를 30분이나 기다렸어요. 추워서 죽을 뻔했어요.

在公交车站等了30分钟车，天气太冷差点儿冻死了。

ㄴ: 이 난로 옆으로 오세요. 快到火炉边来吧。

3. 아무 (명사)도 안/못/없다/모르다

"도"后接名词，表示完全否定。名词与"-도"之间可加助词，主格词尾和宾格词尾"-이/가""-을/를"可以省略。

例如:

(1) ㄱ: 주머니 안에 무엇이 있습니까? 口袋里有什么？
    ㄴ: 아무 것도 없습니다. 什么也没有。

(2) ㄱ: 학교에 왔을 때 교실에 누가 있었습니까?
    你到学校时，谁在教室里？
    ㄴ: 오늘은 제가 제일 먼저 왔습니다. 그래서 교실에 아무도 없었습니다.
    今天我是第一个到的，教室里没人。

(3) ㄱ: 그 사건에 대해서 아는 것이 있으면 말씀해 주십시오.
    如果你了解那件事，请告诉我。
    ㄴ: 저는 아무 것도 모릅니다. 我什么也不知道。

(4) ㄱ: 이 이야기는 비밀입니다. 아무한테도 이야기하면 안 됩니다.
    这是秘密，不能告诉任何人。
    ㄴ: 알겠습니다. 아무한테도 이야기하지 않겠습니다.
    明白，我谁也不告诉。

(5) ㄱ: 어제 홍단 씨에게 여러 번 전화했었어요. 도대체 어디에 갔었어요?
    洪丹，我昨天给你打了好几次电话，你到底去哪儿了？
    ㄴ: 아무데도 안 가고 집에 있었는데요.
    我哪儿也没去，就在家里呆着。

(6) ㄱ: 오늘 문수 씨가 좀 이상하지요? 今天文洙有点奇怪是吧？
    ㄴ: 네, 좀 이상합니다. 온종일 아무 말도 하지 않습니다.
    对，有点反常。整天什么话也没说。

4. 만에，만이다

用于表示时间或次数的名词后，表示相隔的时间。

例如:

(1) ㄱ: 얼마 만에 고향에 온 것입니까? 多久没有回家乡了？
    ㄴ: 10년 만에 온 것입니다. 모습이 너무 많이 변해서 알아볼 수가 없습니다. 10年没来。面貌变化很大，都认不出来了。

(2) ㄱ: 오랫동안 병원에 입원하셨어요? 住院住了很长时间吗？
    ㄴ: 아니요, 사흘 만에 퇴원했어요. 没有，3天就出院了。

(3) ㄱ: 어제 텔레비전에서 헤어진 지 30년 만에 부모와 자식이 만나는 프로그램이 있었어.
    昨天电视上演了离别30年之后父母与子女团圆的节目。

ㄴ: 너도 봤니? 나는 그 프로그램을 보면서 울었어.
你也看了？我是哭着看的。

(4) ㄱ: 몇 번 만에 운전면허 시험에 붙었습니까?
你考驾照考了几次了？

ㄴ: 세 번 만에 붙었습니다. 考了3次。

(5) ㄱ: 담배를 끊으셨다고 들었는데, 다시 피우십니까?
听说您戒了烟，怎么又开始吸了呢？

ㄴ: 일주일 만에 다시 피우기 시작했습니다.
戒了一个星期，又开始吸了。

(6) ㄱ: 이게 얼마 만이에요? 多长时间没见面了？

ㄴ: 우리가 못 만난 지 한 10년 됐지요? 정말 반가워요.
我们有10年没见了吧？真是太高兴了。

5. "ㅎ"不规则变形

形容词词干末音节"ㅎ"与辅音ㄴ, ㄹ, ㅁ相连时"ㅎ"音脱落。由于"ㅎ"的脱落元音"아/어"和后面的"아/어"结合变成"애"，"야/여"与"아/어"相连变成"애"。

그렇다: 그렇+ㄴ → 그런

그렇+ㄹ → 그럴

그렇+면 → 그러면

그렇+ㅂ니다 → 그럽니다

（但近来常用"그렇습니다"）

同类主要词汇：빨갛다, 파랗다, 노랗다, 하얗다, 까맣다, 이렇다, 저렇다, 그렇다, 어떻다（除"좋다"外的所有词干末音节是"ㅎ"收音的形容词）

(1) ㄱ: 홍단 씨, 얼굴이 하얘요. 몸이 안 좋아요?
洪丹，你脸色苍白，不舒服吗？

ㄴ: 네, 점심 때부터 좀 어지럽네요. 是的，从中午起就有点儿头晕。

(2) ㄱ: 한 잔 더 드십시오. 再喝一杯吧。

ㄴ: 저는 그만 마시겠습니다. 저는 술을 마시면 얼굴이 빨개져서 못 마시겠습니다. 我不能再喝了，我一喝酒脸就红，不能再喝了。

(3) ㄱ: 왜 이렇게 어깨가 아프지요? 肩膀怎么这么疼？

ㄴ: 어제 오래간만에 운동을 해서 그래요.
好久不锻炼，昨天一活动，当然会疼的。

(4) ㄱ: 추우세요? 입술이 파래졌어요. 你冷吗? 嘴唇都青了。
    ㄴ: 너무 추워요. 太冷了。

(5) ㄱ: 머리카락이 자꾸 하애져서 걱정입니다.
       头发越来越白了，真是担心。
    ㄴ: 그러면 까맣게 염색을 하십시오. 那干脆染黑吧。

(6) ㄱ: 일요일날 대청소를 하는 게 어때요? 星期天大扫除怎么样?
    ㄴ: 그럽시다. 好的。

四、练习

1. 用 "-느라고" 完成下列句子。

(1) 어제 모임에 못 왔습니다.
_____

(2) 친구를 만났습니다.
_____

(3) 약속 시간에 늦었어요.
_____

(4) 정신이 없습니다.
_____

(5) 어제 잠을 두 시간밖에 못 잤습니다.
_____

(6) 화가 났습니다.
_____

2. 用 "-(으)ㄹ 뻔하다" 完成下列句子。

(1) 산에 올라가다가_____
(2) 버스 안에 사람이 너무 많아서_____
(3) 공부를 안 해서 대학 입학시험에_____
(4) 요즘은 정신이 없습니다._____
(5) 혼자서 여행을 갔습니다._____
(6) 이사를 했습니다._____

3. 用"아무 -도 안/못/없다/모르다" 回答问题。

　　(1) ㄱ: 어제 어디에 갔어요?
　　　　ㄴ: _____.
　　(2) ㄱ: 점심에 뭘 먹었어요?
　　　　ㄴ: _____.
　　(3) ㄱ: 도서관에 가서 누구를 만났어요?
　　　　ㄴ: _____.
　　(4) ㄱ: 그 사건에 대해서 아는 것이 있어요?
　　　　ㄴ: _____.
　　(5) ㄱ: 한국 음식 잘 만들어요?
　　　　ㄴ: _____.
　　(6) ㄱ: 누구한테 그 이야기를 했어요?
　　　　ㄴ: _____.

4. 用下列词语和"-만에""-만이다"造句。

　　(1) 술을 마시다 →
　　(2) 편지를 쓰다 →
　　(3) 운동하다 →
　　(4) 고향에 가다 →
　　(5) 청소하다 →
　　(6) 제일 친한 친구를 만나다 →

5. 用下列词语完成句子。

　　　　　빨갛다　　파랗다　　노랗다　　하얗다　　까맣다
　　　　　이렇다　　저렇다　　그렇다　　어떻다

　　(1) 눈이 왔습니다. 세상이_____.
　　(2) 서울대공원에 가면_____곰과 호랑이가 있습니다.
　　(3) 나는 꽃을 아주 좋아합니다. 그 중에서_____장미를 제일 좋아합니다.
　　(4) 커피를 많이 마시면 얼굴이_____생각하는 사람들이 있습니다.
　　(5) 다른 사람들은 술을 마시면 얼굴이_____. 그런데 저는_____.
　　(6)_____가방 말고 다른 것을 보여 주세요.

6. 会话练习。两个同学一组,彼此询问对方上一个假期都做了哪些事情。

7. 你将度过一个什么样的暑假?请写出你的详细的暑期计划。

8. 将下列句子译成韩文。

(1) 昨天他看书看到深夜,早晨起晚了。

(2) 最近一直在准备考试,连见朋友的时间都没有。

(3) 这半年没有努力学习,这次考试险些不及格。

(4) 今天在学校门口差点儿出一场交通事故。

(5) 在一个人也不认识的陌生城市里,他不知该去哪儿。

(6) 他一天什么事儿都不做,父母和朋友都很担心。

(7) 时隔20年,我们在当年就读过的小学里重逢了。

(8) 自行车修完一个星期后又出故障了。

(9) 你干什么了?把脸都晒黑了。

(10) 秋天了,绿叶变成了一把把金黄的扇子。

五、补充单词

공중전화 부스(名)公用电话亭	그렇다(形)那样
까맣다(形)深黑色,漆黑	깜빡 잊어버리다(词组)一下子忘了
난로(名)火炉	대청소(名)大扫除
떨어지다(自)掉下来	머리카락(名)头发
변하다(自)变化	빨갛다(形)红
사건(名)事件,案件	사흘(名)三天
서울대공원(名)首尔大公园	세상(名)世上,人世间
시험에 붙다(词组)考试合格	염색을 하다(词组)染色
운전면허(名)驾驶执照	이렇다(形)这样

자식 (名) 孩子，子女　　저렇다 (形) 那样
중계방송 (名) 转播　　차에 치이다 (词组) 被车撞
청년 (名) 青年　　　　퇴원하다 (自) 出院
파랗다 (形) 蓝　　　　하얗다 (形) 白
바늘 (名) 针

 **俗语**

바늘 도둑이 소 도둑 된다.

这句话的字面意思是：起初偷针的人日后就会偷牛。类似于汉语的"小时偷针，大时偷金"。